中华人民共和国
妇女权益保障法

大字学习版

中国法制出版社
CHINA LEGAL PUBLISHING HOUSE

编辑说明

全民普法是全面依法治国的长期基础性工作。为方便广大读者学习法律法规，中国法制出版社全新编写了"法律法规大字学习版"丛书。在确保法律文本准确的基础上，对法条内容进行了必要的编辑加工，体例新颖，内容翔实，以帮助广大读者学习法律法规，真正让法律走到读者身边、走进读者心里。

本丛书的特点如下：

1. 大字醒目。正文法条内容通过双色印刷、大字号、宽行距等精心设计，版式疏朗，阅读顺畅，致力于为读者带来更佳的阅读体验。

2. 双色标注。对法条以双色、星级及波浪线等形式标注，既能有效消除读者对复杂、烦琐法条的畏难心理，又能帮助读者迅速把握法律法规的脉络。

3. 关联注释。在法条下方标注【相关法条】，方便读者查找翻阅关联内容，举一反三，融会贯通；同时对不易理解的法条，通过【注释】【生活小案例】【典型案例】【小测试】等版块设计，从立法背景、内容要义、实践应用等多维度帮助读者理解，力求帮助读者学懂弄通会用。

4. **实用图表**。立足读者实际需求，以图表形式对所收录的法律法规重点内容进行总结提炼，贴近生活，通俗易懂，帮助读者更加直观地理解核心条款。

5. **电子增补**。为了帮助读者随时掌握法律法规的最新动态，本丛书将适时进行电子增补，请读者登录中国法制出版社网站http：//www.zgfzs.com"出版服务"中的"资源下载"频道或者关注我社官方微信公众号"中国法制出版社"免费下载。

中国法制出版社

凡 例

简　称	全　称
城市居民委员会组织法	中华人民共和国城市居民委员会组织法
村民委员会组织法	中华人民共和国村民委员会组织法
法律援助法	中华人民共和国法律援助法
反家庭暴力法	中华人民共和国反家庭暴力法
妇女权益保障法	中华人民共和国妇女权益保障法
工会法	中华人民共和国工会法
公益事业捐赠法	中华人民共和国公益事业捐赠法
公职人员政务处分法	中华人民共和国公职人员政务处分法

续表

简　称	全　称
广告法	中华人民共和国广告法
国家勋章和国家荣誉称号法	中华人民共和国国家勋章和国家荣誉称号法
基本医疗卫生与健康促进法	中华人民共和国基本医疗卫生与健康促进法
家庭教育促进法	中华人民共和国家庭教育促进法
教育法	中华人民共和国教育法
就业促进法	中华人民共和国就业促进法
劳动法	中华人民共和国劳动法
劳动合同法	中华人民共和国劳动合同法
劳动争议调解仲裁法	中华人民共和国劳动争议调解仲裁法
老年人权益保障法	中华人民共和国老年人权益保障法
民法典	中华人民共和国民法典
民事诉讼法	中华人民共和国民事诉讼法

续表

简　称	全　称
母婴保健法	中华人民共和国母婴保健法
农村土地承包法	中华人民共和国农村土地承包法
全国人民代表大会和地方各级人民代表大会选举法	中华人民共和国全国人民代表大会和地方各级人民代表大会选举法
人口与计划生育法	中华人民共和国人口与计划生育法
人民调解法	中华人民共和国人民调解法
商标法	中华人民共和国商标法
社会保险法	中华人民共和国社会保险法
未成年人保护法	中华人民共和国未成年人保护法
宪法	中华人民共和国宪法
乡村振兴促进法	中华人民共和国乡村振兴促进法
义务教育法	中华人民共和国义务教育法

续表

简　称	全　称
预防未成年人犯罪法	中华人民共和国预防未成年人犯罪法
治安管理处罚法	中华人民共和国治安管理处罚法
职业教育法	中华人民共和国职业教育法
乡村集体所有制企业条例	中华人民共和国乡村集体所有制企业条例

目 录

中华人民共和国妇女权益保障法 …………………… 1

第一章 总 则 ………………………………………… 2

 第一条 【立法目的】 ………………………… 2

 第二条 【男女平等与妇女依法特殊保护】 … 4

 第三条 【妇女权益保障工作领导和工作机制】 ……………………………………… 4

 第四条 【保障妇女合法权益】 ……………… 5

 第五条 【妇女发展纲要和规划】 …………… 5

 第六条 【妇联等群团组织应做好维护妇女权益工作】 …………………………… 6

 第七条 【国家鼓励妇女维护合法权益】 …… 7

 第八条 【立法应当听取妇联意见，考虑妇女特殊权益】 ……………………… 7

 第九条 【妇女发展状况统计调查制度】 …… 7

 第十条 【男女平等基本国策纳入国民教育体系】 ………………………………… 7

第十一条　【表彰和奖励】 ………………… 7

第二章　政治权利 …………………………… 10

第十二条　【保障妇女平等的政治权利】 … 10

第十三条　【参与国家和社会管理，提
出意见和建议权】 ………… 10

第十四条　【平等的选举权和被选举权】 … 11

第十五条　【女干部的培养和选拔】 ……… 12

第十六条　【妇联的职责】 ………………… 12

第十七条　【对涉及妇女权益的批评建
议、申诉、控告和检举的
处理】 …………………………… 12

第三章　人身和人格权益 …………………… 15

第十八条　【保障妇女平等的人身和人
格权益】 ………………………… 15

第十九条　【妇女人身自由不受侵犯】 …… 15

第二十条　【妇女人格尊严不受侵犯】 …… 16

第二十一条　【妇女生命权、身体权、健
康权不受侵犯】 ……………… 17

第二十二条　【禁止拐卖、绑架妇女及发
现报告和解救】 ……………… 18

第二十三条　【禁止对妇女实施性骚扰】 … 23

第二十四条　【学校应建立预防和处置女学生受性侵害、性骚扰工作制度】 ················· 24

第二十五条　【用人单位预防和制止对妇女性骚扰的措施】 ················· 26

第二十六条　【住宿经营者及时报告义务】 ··· 30

第二十七条　【禁止卖淫、嫖娼】 ·········· 31

第二十八条　【妇女人格权益受法律保护】 ····························· 36

第二十九条　【人身安全保护令】 ·········· 38

第 三 十 条　【妇女健康服务体系】 ······ 40

第三十一条　【妇幼保健和妇女卫生健康】 ····························· 41

第三十二条　【生育权利与自由】 ·········· 42

第三十三条　【妇女全生育周期系统保健制度】 ···························· 43

第三十四条　【规划、建设基础设施时应考虑妇女特殊需求】 ········· 44

第四章　文化教育权益 ························· 47

第三十五条　【保障妇女平等的文化教育权利】 ····················· 47

第三十六条 【保障适龄女性未成年人接受并完成义务教育】……47

第三十七条 【保障妇女平等享有接受教育的权利和机会】……49

第三十八条 【扫除妇女文盲、半文盲工作】……49

第三十九条 【为妇女终身学习创造条件】……50

第四十条 【保障妇女在文化活动中享有平等的权利】……51

第五章 劳动和社会保障权益……54

第四十一条 【保障妇女平等的劳动权利和社会保障权利】……54

第四十二条 【政府和有关部门应防止和纠正就业性别歧视】……54

第四十三条 【用人单位招录时不得实施性别歧视行为】……55

第四十四条 【劳动合同应具备女职工特殊保护条款】……56

第四十五条 【男女同工同酬】……57

第四十六条 【晋职、晋级等不得歧视妇女】……59

第四十七条　【保护妇女工作和劳动时的安全、健康及休息的权利】…… 59

第四十八条　【用人单位用工中不得侵害女职工法定权益】…… 61

第四十九条　【性别歧视行为纳入劳动保障监察】…… 62

第五十条　【妇女权益社会保障】…… 62

第五十一条　【生育保险制度和职工生育休假制度】…… 63

第五十二条　【加强困难妇女的权益保障】…… 64

第六章　财产权益 …… 67

第五十三条　【保障妇女平等的财产权利】…… 67

第五十四条　【不得侵害妇女共同、共有财产权益】…… 67

第五十五条　【妇女平等享有农村集体经济中的各项权益】…… 67

第五十六条　【不得侵害妇女在农村集体经济中的各项权益】…… 68

第五十七条　【保护妇女在城镇集体所有财产关系中的权益】…… 70

第五十八条　【平等的继承权】…… 70

第五十九条　【对公婆尽了赡养义务丧偶儿媳的继承权】............ 70

第七章　婚姻家庭权益............ 73

第 六 十 条　【保障妇女平等的婚姻家庭权利】............ 73

第六十一条　【保护妇女的婚姻自主权】...... 73

第六十二条　【鼓励婚前检查】............ 74

第六十三条　【婚姻家庭辅导服务】...... 75

第六十四条　【男方不得提出离婚的情形】...... 75

第六十五条　【禁止对妇女实施家庭暴力】...... 76

第六十六条　【妇女平等享有占有、使用、收益和处分夫妻共同财产的权利】............ 78

第六十七条　【离婚诉讼期间夫妻双方申报全部夫妻共同财产的义务】............ 80

第六十八条　【夫妻双方共同负担家庭义务】............ 81

第六十九条　【夫妻共有房屋的离婚分割】...... 82

第 七 十 条　【母亲的监护权不受非法干涉】............ 84

第七十一条 【丧失生育能力妇女对子女的优先抚养要求】 ⋯⋯ 85

第八章 救济措施 ⋯⋯ 88

第七十二条 【常规救济途径】 ⋯⋯ 88

第七十三条 【妇联的支持与帮助】 ⋯⋯ 89

第七十四条 【对用人单位侵害妇女权益的联合约谈机制】 ⋯⋯ 90

第七十五条 【妇女在农村集体经济组织中权益的保护】 ⋯⋯ 90

第七十六条 【妇女权益保护服务热线】 ⋯⋯ 91

第七十七条 【检察机关检察建议和提起公益诉讼】 ⋯⋯ 91

第七十八条 【有关单位支持受侵害的妇女起诉】 ⋯⋯ 93

第九章 法律责任 ⋯⋯ 95

第七十九条 【发现妇女被拐卖、绑架未履行报告义务的责任】 ⋯⋯ 95

第八十条 【学校、用人单位未采取措施预防和制止对妇女实施性骚扰的责任】 ⋯⋯ 95

第八十一条 【住宿经营者发现侵害妇女权益违法犯罪未履行报告义务的责任】 95

第八十二条 【通过大众传播媒介等方式贬低损害妇女人格的责任】 96

第八十三条 【用人单位就业性别歧视和侵害女职工法定权益的责任】 96

第八十四条 【不作为、打击报复等消极行为的主管人员和其他直接责任人责任】 96

第八十五条 【侵害妇女合法权益的其他法律责任】 97

第十章　附　则 100

第八十六条 【施行日期】 100

附录一　相关规定 101
中华人民共和国反家庭暴力法 101
女职工劳动保护特别规定 110

附录二　实用图表 117

中华人民共和国妇女权益保障法

（1992年4月3日第七届全国人民代表大会第五次会议通过　根据2005年8月28日第十届全国人民代表大会常务委员会第十七次会议《关于修改〈中华人民共和国妇女权益保障法〉的决定》第一次修正　根据2018年10月26日第十三届全国人民代表大会常务委员会第六次会议《关于修改〈中华人民共和国野生动物保护法〉等十五部法律的决定》第二次修正　2022年10月30日第十三届全国人民代表大会常务委员会第三十七次会议修订　2022年10月30日中华人民共和国主席令第122号公布　自2023年1月1日起施行）

第一章 总　　则

★ **第一条** 【立法目的】① 为了保障妇女的合法权益，促进男女平等和妇女全面发展，充分发挥妇女在全面建设社会主义现代化国家中的作用，弘扬社会主义核心价值观，根据宪法，制定本法。

注　释

　　此次《妇女权益保障法》修订，主要从以下九个方面进一步完善和加强了对妇女权益的保障：

　　1. 完善总体性制度机制。在立法目的中增加促进妇女全面发展、弘扬社会主义核心价值观，规定了坚持中国共产党对妇女权益保障工作的领导，明确国家将男女平等基本国策纳入国民教育体系，等等。

　　2. 完善政治权利保障。规定了国家采取措施支持女性人才成长，明确妇女联合会代表妇女积极参与国家和社会事务的民主协商、民主决策、民主管理和民主监督。

　　3. 完善人身和人格权益。将第六章"人身权利"前移作为第三章，并将章名修改为"人身和人格权益"，强调

---

① 本书条文主旨为编者所加，为方便读者检索使用，仅供参考，下同。

妇女的人格尊严不受侵犯，加强婚恋交友关系中的妇女权益保障，扩大人身安全保护令的适用范围，等等。

4. 完善文化教育权益。完善保障适龄女性未成年人接受并完成义务教育的制度机制，政府采取措施保障女性平等享有接受中高等教育的权利和机会，等等。

5. 完善劳动和社会保障权益。消除就业性别歧视，国家建立健全职工生育休假制度，加强对贫困妇女、老龄妇女、残疾妇女等困难妇女的权益保障，等等。

6. 完善财产权益。规定了妇女在农村集体经济组织成员身份确认、不动产登记、征收或者征用补偿等方面的权利，国家保护妇女在城镇集体所有财产关系中的权益，等等。

7. 完善婚姻家庭权益。规定了国家鼓励婚前体检，离婚诉讼期间共同财产查询、离婚时家务劳动经济补偿等制度，等等。

8. 完善救济措施。增加一章关于"救济措施"的规定，作为第八章，规定了妇女在农村集体经济组织成员身份确认等方面权益受到侵害时的救济措施，妇女权益保障公益诉讼、支持起诉等制度，等等。

9. 完善法律责任。就预防和制止性骚扰义务、消除就业性别歧视等义务的行为，规定相应的法律责任。

★ **第二条** 【男女平等与妇女依法特殊保护】男女平等是国家的基本国策。妇女在政治的、经济的、文化的、社会的和家庭的生活等各方面享有同男子平等的权利。

国家采取必要措施，促进男女平等，消除对妇女一切形式的歧视，禁止排斥、限制妇女依法享有和行使各项权益。

国家保护妇女依法享有的特殊权益。

> 注释
>
> 根据《宪法》的规定，中华人民共和国妇女在政治的、经济的、文化的、社会的和家庭的生活等各方面享有同男子平等的权利。

☞ **相关法条**

《宪法》第 48 条

《民法典》第 1041 条

《乡村振兴促进法》第 30 条、第 54 条

★ **第三条** 【妇女权益保障工作领导和工作机制】坚持中国共产党对妇女权益保障工作的领导，建立政府主导、各方协同、社会参与的保障妇女权益工作机制。

各级人民政府应当重视和加强妇女权益的保障工作。

县级以上人民政府负责妇女儿童工作的机构，负责组织、协调、指导、督促有关部门做好妇女权益的保障工作。

县级以上人民政府有关部门在各自的职责范围内做好妇女权益的保障工作。

第四条　【保障妇女合法权益】保障妇女的合法权益是全社会的共同责任。国家机关、社会团体、企业事业单位、基层群众性自治组织以及其他组织和个人，应当依法保障妇女的权益。

国家采取有效措施，为妇女依法行使权利提供必要的条件。

★ **第五条**　【妇女发展纲要和规划】国务院制定和组织实施中国妇女发展纲要，将其纳入国民经济和社会发展规划，保障和促进妇女在各领域的全面发展。

县级以上地方各级人民政府根据中国妇女发展纲要，制定和组织实施本行政区域的妇女发展规划，将其纳入国民经济和社会发展规划。

县级以上人民政府应当将妇女权益保障所需经费列入本级预算。

☞ **相关法条**

《中国妇女发展纲要（2021—2030年）》

★ **第六条** 【妇联等群团组织应做好维护妇女权益工作】中华全国妇女联合会和地方各级妇女联合会依照法律和中华全国妇女联合会章程,代表和维护各族各界妇女的利益,做好维护妇女权益、促进男女平等和妇女全面发展的工作。

工会、共产主义青年团、残疾人联合会等群团组织应当在各自的工作范围内,做好维护妇女权益的工作。

注释

中华全国妇女联合会成立于1949年4月3日,是全国各族各界妇女为争取进一步解放与发展而联合起来的群团组织,是中国共产党领导下的人民团体,是党和政府联系妇女群众的桥梁和纽带,是国家政权的重要社会支柱。[1]

根据《工会法》的规定,女职工人数较多的,可以建立工会女职工委员会,在同级工会领导下开展工作;女职工人数较少的,可以在工会委员会中设女职工委员。

☞ **相关法条**

《工会法》第11条、第23条、第39条

---

[1] 参见《全国妇联简介》,载中华全国妇女联合会网站http://www.women.org.cn/col/col33/index.html,最后访问时间:2022年10月30日。

第七条 【国家鼓励妇女维护合法权益】国家鼓励妇女自尊、自信、自立、自强,运用法律维护自身合法权益。

妇女应当遵守国家法律,尊重社会公德、职业道德和家庭美德,履行法律所规定的义务。

第八条 【立法应当听取妇联意见,考虑妇女特殊权益】有关机关制定或者修改涉及妇女权益的法律、法规、规章和其他规范性文件,应当听取妇女联合会的意见,充分考虑妇女的特殊权益,必要时开展男女平等评估。

第九条 【妇女发展状况统计调查制度】国家建立健全妇女发展状况统计调查制度,完善性别统计监测指标体系,定期开展妇女发展状况和权益保障统计调查和分析,发布有关信息。

第十条 【男女平等基本国策纳入国民教育体系】国家将男女平等基本国策纳入国民教育体系,开展宣传教育,增强全社会的男女平等意识,培育尊重和关爱妇女的社会风尚。

第十一条 【表彰和奖励】国家对保障妇女合法权益成绩显著的组织和个人,按照有关规定给予表彰和奖励。

> 注释
>
> 根据《国家勋章和国家荣誉称号法》的规定，国家设立国家荣誉称号，授予在经济、社会、国防、外交、教育、科技、文化、卫生、体育等各领域各行业作出重大贡献、享有崇高声誉的杰出人士。

☞ **相关法条**

《国家勋章和国家荣誉称号法》第4条

▶▶▶ **小测试** ◀◀◀ *①

1. 男女平等是国家的基本国策。（　　）
2. 中华全国妇女联合会负责组织、协调、指导、督促有关部门做好妇女权益的保障工作。（　　）
3. 下列属于《妇女权益保障法》的立法目的的是：（　　）

    A. 保障妇女的合法权益

    B. 促进男女平等和妇女全面发展

    C. 充分发挥妇女在全面建设社会主义现代化国家中的作用

---

* 本书小测试依次设置判断、选择、填空三种题型。

① 【答案】1. √。2. ×，解析：《妇女权益保障法》第3条第3款。3. ABCD。4. ABCD。5. 经济的；社会的；家庭的。6. 自尊、自信、自立、自强。

D. 弘扬社会主义核心价值观

4. 保障妇女的合法权益是全社会的共同责任。下列负有依法保障妇女权益职责的主体有：（   ）

   A. 国家机关

   B. 社会团体

   C. 企业事业单位

   D. 基层群众性自治组织

5. 妇女在政治的、_____、文化的、_____和_____生活等各方面享有同男子平等的权利。

6. 国家鼓励妇女_____，运用法律维护自身合法权益。

第二章　政治权利

第十二条　【保障妇女平等的政治权利】国家保障妇女享有与男子平等的政治权利。

☞ **相关法条**

《宪法》第 48 条

★ **第十三条**　【参与国家和社会管理，提出意见和建议权】妇女有权通过各种途径和形式，依法参与管理国家事务、管理经济和文化事业、管理社会事务。

妇女和妇女组织有权向各级国家机关提出妇女权益保障方面的意见和建议。

> 注释
>
> 根据《宪法》的规定，中华人民共和国的一切权力属于人民。人民行使国家权力的机关是全国人民代表大会和地方各级人民代表大会。人民依照法律规定，通过各种途径和形式，管理国家事务，管理经济和文化事业，管理社会事务。

☞ **相关法条**

《宪法》第 2 条

★ **第十四条 【平等的选举权和被选举权】** 妇女享有与男子平等的选举权和被选举权。

全国人民代表大会和地方各级人民代表大会的代表中,应当保证有适当数量的妇女代表。国家采取措施,逐步提高全国人民代表大会和地方各级人民代表大会的妇女代表的比例。

居民委员会、村民委员会成员中,应当保证有适当数量的妇女成员。

注释

根据《宪法》的规定,中华人民共和国年满18周岁的公民,不分民族、种族、性别、职业、家庭出身、宗教信仰、教育程度、财产状况、居住期限,都有选举权和被选举权;但是依照法律被剥夺政治权利的人除外。

根据《全国人民代表大会和地方各级人民代表大会选举法》的规定,全国人民代表大会和地方各级人民代表大会的代表应当具有广泛的代表性,应当有适当数量的基层代表,特别是工人、农民和知识分子代表;应当有适当数量的妇女代表,并逐步提高妇女代表的比例。

☞ **相关法条**

《宪法》第34条

《全国人民代表大会和地方各级人民代表大会选举法》

第 7 条第 1 款

《村民委员会组织法》第 25 条

第十五条 【女干部的培养和选拔】国家积极培养和选拔女干部，重视培养和选拔少数民族女干部。

国家机关、群团组织、企业事业单位培养、选拔和任用干部，应当坚持男女平等的原则，并有适当数量的妇女担任领导成员。

妇女联合会及其团体会员，可以向国家机关、群团组织、企业事业单位推荐女干部。

国家采取措施支持女性人才成长。

☞ **相关法条**

《宪法》第 48 条

第十六条 【妇联的职责】妇女联合会代表妇女积极参与国家和社会事务的民主协商、民主决策、民主管理和民主监督。

★★ **第十七条** 【对涉及妇女权益的批评建议、申诉、控告和检举的处理】对于有关妇女权益保障工作的批评或者合理可行的建议，有关部门应当听取和采纳；对于有关侵害妇女权益的申诉、控告和检举，有关部门应当查清事实，负责处理，任何组织和个人不得压制或者打击报复。

> 注释

根据《宪法》的规定，中华人民共和国公民对于任何国家机关和国家工作人员，有提出批评和建议的权利；对于任何国家机关和国家工作人员的违法失职行为，有向有关国家机关提出申诉、控告或者检举的权利，但是不得捏造或者歪曲事实进行诬告陷害。对于公民的申诉、控告或者检举，有关国家机关必须查清事实，负责处理。任何人不得压制和打击报复。由于国家机关和国家工作人员侵犯公民权利而受到损失的人，有依照法律规定取得赔偿的权利。

☞ **相关法条**

《宪法》第 41 条

▶▶ 小测试 ◀◀ ①

1. 国家保障妇女享有与男子平等的政治权利。（   ）
2. 妇女联合会及其团体会员，应当向国家机关、群团组织、企业事业单位推荐女干部。（   ）

---

① 【答案】1. √。2. ×，解析：《妇女权益保障法》第 15 条第 3 款。3. BD。4. 管理经济和文化事业。5. 民主协商；民主管理。

3. 对于妇女政治权利的保障，下列做法错误的是：(　　)
   A. 某市在选举中，确保妇女享有与男子平等的选举权和被选举权
   B. 某市人民代表大会的代表中，没有妇女代表
   C. 某居民委员会成员中，有多名妇女成员
   D. 某企业在干部培养、选拔和任用中，常年仅提拔男同志

4. 妇女有权通过各种途径和形式，依法参与管理国家事务、_____、管理社会事务。

5. 妇女联合会代表妇女积极参与国家和社会事务的_____、民主决策、_____和民主监督。

第三章　人身和人格权益

第十八条　【保障妇女平等的人身和人格权益】 国家保障妇女享有与男子平等的人身和人格权益。

☞ **相关法条**

《宪法》第 48 条

★ **第十九条　【妇女人身自由不受侵犯】** 妇女的人身自由不受侵犯。禁止非法拘禁和以其他非法手段剥夺或者限制妇女的人身自由；禁止非法搜查妇女的身体。

> **注释**
>
> 根据《宪法》的规定，中华人民共和国公民的人身自由不受侵犯。禁止非法拘禁和以其他方法非法剥夺或者限制公民的人身自由，禁止非法搜查公民的身体。
>
> 根据《民法典》的规定，自然人的人身自由受法律保护。以非法拘禁等方式剥夺、限制他人的行动自由，或者非法搜查他人身体的，受害人有权依法请求行为人承担民事责任。
>
> 根据《刑法》第 238 条的规定，非法拘禁他人或者以其他方法非法剥夺他人人身自由的，处 3 年以下有期徒刑、

拘役、管制或者剥夺政治权利。具有殴打、侮辱情节的，从重处罚。犯前款罪，致人重伤的，处3年以上10年以下有期徒刑；致人死亡的，处10年以上有期徒刑。使用暴力致人伤残、死亡的，依照本法第234条、第232条的规定定罪处罚。为索取债务非法扣押、拘禁他人的，依照前2款的规定处罚。国家机关工作人员利用职权犯前3款罪的，依照前3款的规定从重处罚。

☞ **相关法条**

《宪法》第37条

《民法典》第109条、第1011条

《刑法》第238条

★ **第二十条** 【妇女人格尊严不受侵犯】妇女的人格尊严不受侵犯。禁止用侮辱、诽谤等方式损害妇女的人格尊严。

注释

根据《宪法》的规定，中华人民共和国公民的人格尊严不受侵犯。禁止用任何方法对公民进行侮辱、诽谤和诬告陷害。

根据《民法典》的规定，自然人的人格尊严受法律保护。

☞ **相关法条**

《宪法》第38条

《民法典》第109条

★ **第二十一条** 【妇女生命权、身体权、健康权不受侵犯】妇女的生命权、身体权、健康权不受侵犯。禁止虐待、遗弃、残害、买卖以及其他侵害女性生命健康权益的行为。

禁止进行非医学需要的胎儿性别鉴定和选择性别的人工终止妊娠。

医疗机构施行生育手术、特殊检查或者特殊治疗时，应当征得妇女本人同意；在妇女与其家属或者关系人意见不一致时，应当尊重妇女本人意愿。

注 释

根据《宪法》的规定，婚姻、家庭、母亲和儿童受国家的保护。禁止虐待老人、妇女和儿童。

根据《人口与计划生育法》的规定，禁止歧视、虐待生育女婴的妇女和不育的妇女。禁止歧视、虐待、遗弃女婴。严禁利用超声技术和其他技术手段进行非医学需要的胎儿性别鉴定；严禁非医学需要的选择性别的人工终止妊娠。

> **生活小案例**
>
> 　　小红和小明同居后产下一名患有严重疾病的女婴,因无力承担高额治疗费用,孩子出生2天后,小红和小明为孩子办理了出院手续。之后,小红和小明将孩子丢弃在水沟旁的草丛中便离开了。当晚,周围群众听见孩子的哭声随即报警。民警将孩子带到医院救治时,从病历中找到小红和小明的信息。次日凌晨,民警找到小红和小明。经过民警教育,小红和小明才将孩子带回家中抚养,直至孩子因病去世。小红、小明遗弃仅出生2天、患有严重疾病的婴儿,情节恶劣,构成法律禁止的遗弃行为。

☞ **相关法条**

《宪法》第49条

《人口与计划生育法》第22条、第39条

★ **第二十二条　【禁止拐卖、绑架妇女及发现报告和解救】** 禁止拐卖、绑架妇女;禁止收买被拐卖、绑架的妇女;禁止阻碍解救被拐卖、绑架的妇女。

　　各级人民政府和公安、民政、人力资源和社会保障、卫生健康等部门及村民委员会、居民委员会按照各自的职责及时发现报告,并采取措施解救被拐卖、绑架的妇女,做好被解救妇女的安置、救助和关爱等工作。妇女联合会协助和配合做好有关工作。任何组织和个人不得歧视被拐卖、绑架的妇女。

注释

根据《刑法》的规定，拐卖妇女、儿童的，处5年以上10年以下有期徒刑，并处罚金；有下列情形之一的，处10年以上有期徒刑或者无期徒刑，并处罚金或者没收财产；情节特别严重的，处死刑，并处没收财产：(1) 拐卖妇女、儿童集团的首要分子；(2) 拐卖妇女、儿童3人以上的；(3) 奸淫被拐卖的妇女的；(4) 诱骗、强迫被拐卖的妇女卖淫或者将被拐卖的妇女卖给他人迫使其卖淫的；(5) 以出卖为目的，使用暴力、胁迫或者麻醉方法绑架妇女、儿童的；(6) 以出卖为目的，偷盗婴幼儿的；(7) 造成被拐卖的妇女、儿童或者其亲属重伤、死亡或者其他严重后果的；(8) 将妇女、儿童卖往境外的。拐卖妇女、儿童是指以出卖为目的，有拐骗、绑架、收买、贩卖、接送、中转妇女、儿童的行为之一的。

根据《全国人民代表大会常务委员会关于严惩拐卖、绑架妇女、儿童的犯罪分子的决定》第4条的规定，任何个人或者组织不得阻碍对被拐卖、绑架的妇女、儿童的解救，并不得向被拐卖、绑架的妇女、儿童及其家属或者解救人索要收买妇女、儿童的费用和生活费用；对已经索取的收买妇女、儿童的费用和生活费用，予以追回。以暴力、威胁方法阻碍国家工作人员解救被收买的妇女、儿童的，依照《刑法》第157条的规定处罚；协助转移、隐藏或者以其他方法阻碍国家工作人员解救被收买的妇女、儿童，未使用暴力、威胁方法的，依照《治安管理处罚法》的规定处罚。聚众阻碍国家工作人员解救被收买的妇女、儿童的首要分子，处5年以下有期徒刑或者拘役；其他参与者，依照本条第2款的规定处罚。

根据《最高人民法院关于审理拐卖妇女儿童犯罪案件具体应用法律若干问题的解释》的规定，收买被拐卖的妇女、儿童，又以暴力、威胁方法阻碍国家机关工作人员解救被收买的妇女、儿童，或者聚众阻碍国家机关工作人员解救被收买的妇女、儿童，构成妨害公务罪、聚众阻碍解救被收买的妇女、儿童罪的，依照数罪并罚的规定处罚。

根据《民法典》的规定，因胁迫结婚的，受胁迫的一方可以向人民法院请求撤销婚姻。请求撤销婚姻的，应当自胁迫行为终止之日起1年内提出。被非法限制人身自由的当事人请求撤销婚姻的，应当自恢复人身自由之日起1年内提出。

典型案例

蓝某拐卖妇女、儿童案[①]

1988年9月,被告人蓝某伙同同案被告人谭某等人在广西壮族自治区南宁市,将被害人向某某(女,时年22岁)拐带至福建省大田县,经林某等人介绍,将向某某出卖。1989年6月,蓝某伙同黄某,经"邓八"介绍,将被害人廖某(男,时年1岁)从广西壮族自治区宾阳县拐带至大田县,经林某介绍,将廖某出卖。此后至2008年间,蓝某采取类似手段,单独或伙同他人在广西宾阳县、巴马瑶族自治县等12个县,钦州市、凭祥市、贵港市、河池市等地,先后将被害人韦某某、黄某某等33名3岁至10岁男童拐带至福建省大田县、永春县,经林某、苏某和同案被告人郭某等人介绍,将其出卖。蓝某拐卖妇女、儿童,非法获利共计50余万元。

广西壮族自治区河池市中级人民法院经审理认为,蓝某为牟取非法利益,拐卖妇女、儿童,其行为已构成拐卖妇女、儿童罪。虽然蓝某归案后坦白认罪,但其拐卖妇女、儿童人数多,时间长,主观恶性极深,社会危害极大,情节特别严重,不足以从轻处罚。依照刑法有关规定,

---

[①] 参见最高人民法院:《最高法发布惩治拐卖妇女儿童犯罪典型案例》,载最高人民法院官网 https://www.court.gov.cn/zixun-xiangqing-13549.html,最后访问时间:2022年10月30日。

以拐卖妇女、儿童罪判处被告人蓝某死刑，剥夺政治权利终身，并处没收个人全部财产。宣判后，蓝某提出上诉。广西壮族自治区高级人民法院经依法审理，裁定驳回上诉，维持原判，并依法报请最高人民法院复核。最高人民法院经依法复核，核准蓝某死刑。罪犯蓝某最终被执行死刑。

对于拐卖妇女、儿童犯罪，我国司法机关历来坚持从严惩治的方针，其中，偷盗、强抢、拐骗儿童予以出卖，造成许多家庭骨肉分离，对被拐儿童及其家庭造成巨大精神伤害与痛苦，在社会上易引发恐慌情绪，危害极大，更是从严惩治的重点。本案中，被告人蓝某拐卖妇女1人，拐骗儿童34人予以出卖，不少儿童被拐10多年后才得以解救，回到亲生父母身边。众多家长为寻找被拐儿童耗费大量时间、金钱和精力，其中有1名被拐儿童亲属因伤心过度去世。综合考虑，蓝某所犯罪行已属极其严重，尽管有坦白部分拐卖事实的从轻处罚情节，法院对其亦不予从轻处罚。

☞ **相关法条**

《民法典》第1052条

《刑法》第240条

《全国人民代表大会常务委员会关于严惩拐卖、绑架妇

女、儿童的犯罪分子的决定》

《最高人民法院关于审理拐卖妇女儿童犯罪案件具体应用法律若干问题的解释》

《最高人民法院关于审理拐卖妇女案件适用法律有关问题的解释》

☆ **第二十三条 【禁止对妇女实施性骚扰】** 禁止违背妇女意愿，以言语、文字、图像、肢体行为等方式对其实施性骚扰。

受害妇女可以向有关单位和国家机关投诉。接到投诉的有关单位和国家机关应当及时处理，并书面告知处理结果。

受害妇女可以向公安机关报案，也可以向人民法院提起民事诉讼，依法请求行为人承担民事责任。

> **注释**
>
> 根据《民法典》的规定，违背他人意愿，以言语、文字、图像、肢体行为等方式对他人实施性骚扰的，受害人有权依法请求行为人承担民事责任。机关、企业、学校等单位应当采取合理的预防、受理投诉、调查处置等措施，防止和制止利用职权、从属关系等实施性骚扰。

第三章 人身和人格权益

> **典型案例**
>
> 2019年7月1日，王某在上海市轨道交通八号线列车车厢内，紧贴着坐在一名女子（系未成年人）左侧，左手搭在自己右臂上并持续触摸该女子胸部等部位。其间，该女子挪动座位以躲避，被告人王某仍然继续紧贴并实施触摸行为。其后，被告人王某以同样方法触摸另一名女子的胸部，被女子察觉质问，王某在逃跑途中被当场扭送至公安机关。2019年10月15日，上海市静安区人民法院开庭审判，法院以强制猥亵罪判处被告人王某有期徒刑6个月。①

☞ **相关法条**

《民法典》第1010条

★★ **第二十四条　【学校应建立预防和处置女学生受性侵害、性骚扰工作制度】** 学校应当根据女学生的年龄阶段，进行生理卫生、心理健康和自我保护教育，在教育、管理、设施等方面采取措施，提高其防范性侵害、性骚扰的自我保护意识和能力，保障女学生的人身安全和身心健康发展。

---

① 参见《上海首例"咸猪手入刑案"宣判》，载人民网http://legal.people.com.cn/n1/2019/1016/c42510-31403030.html，最后访问时间：2022年10月30日。

学校应当建立有效预防和科学处置性侵害、性骚扰的工作制度。对性侵害、性骚扰女学生的违法犯罪行为，学校不得隐瞒，应当及时通知受害未成年女学生的父母或者其他监护人，向公安机关、教育行政部门报告，并配合相关部门依法处理。

对遭受性侵害、性骚扰的女学生，学校、公安机关、教育行政部门等相关单位和人员应当保护其隐私和个人信息，并提供必要的保护措施。

注 释

根据《未成年人保护法》的规定，禁止对未成年人实施性侵害、性骚扰。学校、幼儿园应当建立预防性侵害、性骚扰未成年人工作制度。对性侵害、性骚扰未成年人等违法犯罪行为，学校、幼儿园不得隐瞒，应当及时向公安机关、教育行政部门报告，并配合相关部门依法处理。学校、幼儿园应当对未成年人开展适合其年龄的性教育，提高未成年人防范性侵害、性骚扰的自我保护意识和能力。对遭受性侵害、性骚扰的未成年人，学校、幼儿园应当及时采取相关的保护措施。

> **典型案例**
>
> **某大学教师侯某某性骚扰女学生问题**①
>
> 2020年8月30日，侯某某以约一女学生到其办公室讨论问题为由，对该生实施了骚扰行为。侯某某的行为违反了《新时代高校教师职业行为十项准则》第六项规定。根据《教育部关于高校教师师德失范行为处理的指导意见》等相关规定，给予侯某某调离教师岗位、撤销学院博士后管理工作办公室主任职务、取消硕士研究生导师资格的处理；撤销其教师资格，收缴教师资格证书，将其列入教师资格限制库，5年内不得重新取得教师资格。学院党政负责人向学校党委作出深刻检讨。

☞ **相关法条**

《未成年人保护法》第40条、第54条

✽✽ **第二十五条 【用人单位预防和制止对妇女性骚扰的措施】** 用人单位应当采取下列措施预防和制止对妇女的性骚扰：

（一）制定禁止性骚扰的规章制度；

---

① 参见教育部：《教育部公开曝光8起违反教师职业行为十项准则典型案例》，载教育部官网 http：//www.moe.gov.cn/jyb_xwfb/gzdt_gzdt/s5987/202104/t20210419_526987.html，最后访问时间：2022年10月30日。

（二）明确负责机构或者人员；

（三）开展预防和制止性骚扰的教育培训活动；

（四）采取必要的安全保卫措施；

（五）设置投诉电话、信箱等，畅通投诉渠道；

（六）建立和完善调查处置程序，及时处置纠纷并保护当事人隐私和个人信息；

（七）支持、协助受害妇女依法维权，必要时为受害妇女提供心理疏导；

（八）其他合理的预防和制止性骚扰措施。

> **注释**
>
> 根据《女职工劳动保护特别规定》的规定，在劳动场所，用人单位应当预防和制止对女职工的性骚扰。

> **典型案例**
>
> **郑某诉 H 公司劳动合同纠纷案**[①]
>
> 郑某于 2012 年 7 月入职 H 公司，担任渠道销售经理。H 公司建立有工作场所性骚扰防范培训机制，郑某接受过相关培训。H 公司《商业行为准则》规定，经理和主管"应

---

① 参见最高人民法院指导案例 181 号，载最高人民法院官网 https://www.court.gov.cn/fabu-xiangqing-364651.html，最后访问时间：2022 年 10 月 30 日。

确保下属能畅所欲言且无须担心遭到报复,所有担忧或问题都能专业并及时地得以解决",不允许任何报复行为。H公司 2017 年版《员工手册》规定,对他人实施性骚扰、违反公司《商业行为准则》、在公司内部调查中作虚假陈述的行为均属于会导致立即辞退的违纪行为。上述规章制度在实施前经过该公司工会沟通会议讨论。

郑某与 H 公司签订的劳动合同约定,郑某确认并同意公司现有的《员工手册》及《商业行为准则》等规章制度作为本合同的组成部分。《员工手册》修改后,郑某再次签署确认书,表示已阅读、明白并愿接受 2017 年版《员工手册》的内容,愿恪守公司政策作为在 H 公司工作的前提条件。

2018 年 8 月 30 日,郑某因认为下属女职工任某与郑某上级邓某(已婚)之间的关系有点僵,为"疏解"二人关系而找任某谈话。郑某提到昨天观察到邓某跟任某说了一句话,而任某没有回答,其还专门跑到任某处帮忙打圆场。任某提及其在刚入职时,曾向郑某出示过间接上级邓某发送的性骚扰微信记录截屏,郑某当时对此答复:"我就是不想掺和这件事""我往后不想再回答你后面的事情""我是觉得有点怪,我也不敢问"。谈话中,任某强调邓某是在对其进行性骚扰,邓某要求与其发展男女关系,并在其拒绝后继续不停骚扰，郑某不应责怪其不搭理邓某，也不要替邓某来对其进行敲打。郑某则表示："你如果这样干工作的话，我很难过""你越端着，他越觉得我要把你怎么样""他这么直接，要是我的话，先靠近你，摸摸看，然后聊聊天"。

2018年11月，郑某以任某不合群等为由向H公司人事部提出与任某解除劳动合同，但未能说明解除劳动合同的合理依据。人事部为此找任某了解情况。任某告知人事部其被间接上级邓某骚扰，郑某有意无意撮合其和邓某，其因拒绝骚扰行为而受到打击报复。H公司为此展开调查。

2019年1月15日，H公司对郑某进行调查，并制作了调查笔录。郑某未在调查笔录上签字，但对笔录记载的其对公司询问所作答复作了诸多修改。对于调查笔录中有无女员工向郑某反映邓某跟其说过一些不合适的话、对其进行性骚扰的提问所记录的"没有"的答复，郑某未作修改。

2019年1月31日，H公司出具《单方面解除函》，以郑某未尽经理职责，在下属反映遭受间接上级骚扰后没有采取任何措施帮助下属不再继续遭受骚扰，反而对下属进行打击报复，在调查过程中就上述事实作虚假陈述为由，与郑某解除劳动合同。

2019年7月22日，郑某向上海市劳动争议仲裁委员会申请仲裁，要求H公司支付违法解除劳动合同赔偿金368,130元。该请求未得到仲裁裁决支持。郑某不服，以相同请求诉至上海市浦东新区人民法院。法院经审理认为，用人单位的管理人员对被性骚扰员工的投诉，应采取合理措施进行处置。管理人员未采取合理措施或者存在纵容性骚扰行为、干扰对性骚扰行为调查等情形，用人单位以管理人员未尽岗位职责、严重违反规章制度为由解除劳动合同，管理人员主张解除劳动合同违法的，人民法院不予支持。

☞ **相关法条**

《女职工劳动保护特别规定》第11条

★ **第二十六条 【住宿经营者及时报告义务】** 住宿经营者应当及时准确登记住宿人员信息，健全住宿服务规章制度，加强安全保障措施；发现可能侵害妇女权益的违法犯罪行为，应当及时向公安机关报告。

注释

根据《旅馆业治安管理办法》的规定，旅馆接待旅客住宿必须登记。登记时，应当查验旅客的身份证件，按规定的项目如实登记。旅馆工作人员发现违法犯罪分子，行迹可疑的人员和被公安机关通缉的罪犯,应当立即向当地公安机关报告,不得知情不报或隐瞒包庇。旅馆内,严禁卖淫、嫖宿、赌博、吸毒、传播淫秽物品等违法犯罪活动。

☞ **相关法条**

《旅馆业治安管理办法》第6条、第9条、第12条

✯✯ **第二十七条 【禁止卖淫、嫖娼】**禁止卖淫、嫖娼;禁止组织、强迫、引诱、容留、介绍妇女卖淫或者对妇女进行猥亵活动;禁止组织、强迫、引诱、容留、介绍妇女在任何场所或者利用网络进行淫秽表演活动。

注 释

1. 关于卖淫、嫖娼行为的处罚

根据《治安管理处罚法》的规定,卖淫、嫖娼的,处10日以上15日以下拘留,可以并处5000元以下罚款;情节较轻的,处5日以下拘留或者500元以下罚款。在公共场所拉客招嫖的,处5日以下拘留或者500元以下罚款。引诱、容留、介绍他人卖淫的,处10日以上15日以下拘留,可以并处5000元以下罚款;情节较轻的,处5日以下拘留或者500元以下罚款。旅馆业、饮食服务业、文化娱乐业、出租汽车业等单位的人员,在公安机关查处吸毒、

第三章 人身和人格权益

赌博、卖淫、嫖娼活动时，为违法犯罪行为人通风报信的，处10日以上15日以下拘留。

根据《刑法》第358条的规定，组织、强迫他人卖淫的，处5年以上10年以下有期徒刑，并处罚金；情节严重的，处10年以上有期徒刑或者无期徒刑，并处罚金或者没收财产。组织、强迫未成年人卖淫的，依照前款的规定从重处罚。犯前两款罪，并有杀害、伤害、强奸、绑架等犯罪行为的，依照数罪并罚的规定处罚。为组织卖淫的人招募、运送人员或者有其他协助组织他人卖淫行为的，处5年以下有期徒刑，并处罚金；情节严重的，处5年以上10年以下有期徒刑，并处罚金。根据《刑法》第359条的规定，引诱、容留、介绍他人卖淫的，处5年以下有期徒刑、拘役或者管制，并处罚金；情节严重的，处5年以上有期徒刑，并处罚金。引诱不满14周岁的幼女卖淫的，处5年以上有期徒刑，并处罚金。根据《刑法》第361条的规定，旅馆业、饮食服务业、文化娱乐业、出租汽车业等单位的人员，利用本单位的条件，组织、强迫、引诱、容留、介绍他人卖淫的，依照本法第358条、第359条的规定定罪处罚。前款所列单位的主要负责人，犯前款罪的，从重处罚。根据《刑法》第362条的规定，旅馆业、饮食服务业、文化娱乐业、出租汽车业等单位的人员，在公安机关查处卖淫、嫖娼活动时，为违法犯罪分子通风报信，情节严重的，依照本法第310条的规定（窝藏、包庇罪）定罪处罚。

2. 关于强奸、猥亵行为的处罚

根据《刑法》第236条的规定，以暴力、胁迫或者其他手段强奸妇女的，处3年以上10年以下有期徒刑。奸淫不满14周岁的幼女的，以强奸论，从重处罚。强奸妇女、奸淫幼女，有下列情形之一的，处10年以上有期徒刑、无期徒刑或者死刑：（1）强奸妇女、奸淫幼女情节恶劣的；（2）强奸妇女、奸淫幼女多人的；（3）在公共场所当众强奸妇女、奸淫幼女的；（4）2人以上轮奸的；（5）奸淫不满10周岁的幼女或者造成幼女伤害的；（6）致使被害人重伤、死亡或者造成其他严重后果的。根据《刑法》第236条之一的规定，对已满14周岁不满16周岁的未成年女性负有监护、收养、看护、教育、医疗等特殊职责的人员，与该未成年女性发生性关系的，处3年以下有期徒刑；情节恶劣的，处3年以上10年以下有期徒刑。有前款行为，同时又构成本法第236条规定之罪的，依照处罚较重的规定定罪处罚。根据《刑法》第237条的规定，以暴力、胁迫或者其他方法强制猥亵他人或者侮辱妇女的，处5年以下有期徒刑或者拘役。聚众或者在公共场所当众犯前款罪的，或者有其他恶劣情节的，处5年以上有期徒刑。猥亵儿童的，处5年以下有期徒刑；有下列情形之一的，处5年以上有期徒刑：(1)猥亵儿童多人或者多次的；(2)聚众猥亵儿童的，或者在公共场所当众猥亵儿童，情节恶劣的；(3)造成儿童伤害或者其他严重后果的；(4)猥亵手段恶劣或者有其他恶劣情节的。

3. 关于淫秽表演活动的处罚

淫秽物品，是指具体描绘性行为或者露骨宣扬色情的诲淫性的书刊、影片、录像带、录音带、图片及其他淫秽物品。有关人体生理、医学知识的科学著作不是淫秽物品。包含有色情内容的有艺术价值的文学、艺术作品不视为淫秽物品。

根据《治安管理处罚法》第68条的规定，制作、运输、复制、出售、出租淫秽的书刊、图片、影片、音像制品等淫秽物品或者利用计算机信息网络、电话以及其他通讯工具传播淫秽信息的，处10日以上15日以下拘留，可以并处3000元以下罚款；情节较轻的，处5日以下拘留或者500元以下罚款。根据《治安管理处罚法》第69条的规定，有下列行为之一的，处10日以上15日以下拘留，并处500元以上1000元以下罚款：(1)组织播放淫秽音像的；(2)组织或者进行淫秽表演的；(3)参与聚众淫乱活动的。明知他人从事前款活动，为其提供条件的，依照前款的规定处罚。

根据《刑法》第363条第1款的规定，以牟利为目的，制作、复制、出版、贩卖、传播淫秽物品的，处3年以下有期徒刑、拘役或者管制，并处罚金；情节严重的，处3年以上10年以下有期徒刑，并处罚金；情节特别严重的，处10年以上有期徒刑或者无期徒刑，并处罚金或者没收财产。根据《刑法》第364条的规定，传播淫秽的书刊、影片、音像、图片或者其他淫秽物品，情节严重的，处2年以下有期徒刑、拘役或者管制。组织播放淫秽的电影、录像等音像制品的，处3年以下有期徒刑、拘役或者管制，并处罚金；情节严重的，处3年以上10年以下有期徒刑，并处罚金。制作、复制淫秽的电影、录像等音像制品组织播放的，依照第2款的规定从重处罚。向不满18周岁的未成年人传播淫秽物品的，从重处罚。根据《刑法》第365条的规定，组织进行淫秽表演的，处3年以下有期徒刑、拘役或者管制，并处罚金；情节严重的，处3年以上10年以下有期徒刑，并处罚金。

☞ **相关法条**

《未成年人保护法》第50条、第52条

《预防未成年人犯罪法》第28条、第38条

《全国人民代表大会常务委员会关于严禁卖淫嫖娼的决定》

《治安管理处罚法》第66~69条、第74条

《刑法》第236~237条、第358~367条

★★ **第二十八条** 【妇女人格权益受法律保护】妇女的姓名权、肖像权、名誉权、荣誉权、隐私权和个人信息等人格权益受法律保护。

媒体报道涉及妇女事件应当客观、适度，不得通过夸大事实、过度渲染等方式侵害妇女的人格权益。

禁止通过大众传播媒介或者其他方式贬低损害妇女人格。未经本人同意，不得通过广告、商标、展览橱窗、报纸、期刊、图书、音像制品、电子出版物、网络等形式使用妇女肖像，但法律另有规定的除外。

注 释

根据《民法典》的规定，人格权是民事主体享有的生命权、身体权、健康权、姓名权、名称权、肖像权、名誉权、荣誉权、隐私权等权利。人格权受到侵害的，受害人有权依照《民法典》和其他法律的规定请求行为人承担民事责任。受害人的停止侵害、排除妨碍、消除危险、消除影响、恢复名誉、赔礼道歉请求权，不适用诉讼时效的规定。民事主体有证据证明行为人正在实施或者即将实施侵

害其人格权的违法行为，不及时制止将使其合法权益受到难以弥补的损害的，有权依法向人民法院申请采取责令行为人停止有关行为的措施。

根据《广告法》的规定，广告不得含有性别歧视的内容。广告主或者广告经营者在广告中使用他人名义或者形象的，应当事先取得其书面同意；使用无民事行为能力人、限制民事行为能力人的名义或者形象的，应当事先取得其监护人的书面同意。

生活小案例

丽丽、雯雯和小梦系同班同学，因产生纠纷，丽丽和雯雯将小梦带到一间闲置教室内，对小梦进行殴打，并让小梦跪在地上，强迫小梦掀起上衣，丽丽用手机对小梦进行拍照，并由雯雯配以文字上传至某网站，该帖被网友转发。后小梦的法定代理人到派出所报案，因双方均系未成年人，派出所未予立案。

丽丽和雯雯使用侮辱性语言，将小梦跪地及露出上半身的照片配以文字在网络上发布，构成对小梦人格权益的侵害，应向小梦赔礼道歉并赔偿精神损害慰抚金，该民事赔偿责任应由雯雯和丽丽的法定代理人承担。

☞ **相关法条**

《民法典》第 110 条、第 990 条、第 995 条、第 997 条、第 1018 条、第 1019 条

《个人信息保护法》

《广告法》第 9 条、第 33 条

《商标法》第 10 条

《出版管理条例》第 25~27 条

《期刊出版管理规定》第 25 条、第 26 条

《电子出版物出版管理规定》第 3 条

《互联网信息服务管理办法》第 15 条、第 16 条

★★ **第二十九条　【人身安全保护令】**禁止以恋爱、交友为由或者在终止恋爱关系、离婚之后，纠缠、骚扰妇女，泄露、传播妇女隐私和个人信息。

妇女遭受上述侵害或者面临上述侵害现实危险的，可以向人民法院申请人身安全保护令。

注　释

根据《民法典》的规定，自然人享有隐私权。任何组织或者个人不得以刺探、侵扰、泄露、公开等方式侵害他人的隐私权。隐私是自然人的私人生活安宁和不愿为他人知晓的私密空间、私密活动、私密信息。除法律另有规定或者权利人明确同意外，任何组织或者个人不得实施下列

行为：(1) 以电话、短信、即时通讯工具、电子邮件、传单等方式侵扰他人的私人生活安宁；(2) 进入、拍摄、窥视他人的住宅、宾馆房间等私密空间；(3) 拍摄、窥视、窃听、公开他人的私密活动；(4) 拍摄、窥视他人身体的私密部位；(5) 处理他人的私密信息；(6) 以其他方式侵害他人的隐私权。侵权行为危及他人人身、财产安全的，被侵权人有权请求侵权人承担停止侵害、排除妨碍、消除危险等侵权责任。

根据《最高人民法院关于办理人身安全保护令案件适用法律若干问题的规定》的规定，当事人因遭受家庭暴力或者面临家庭暴力的现实危险，依照《反家庭暴力法》向人民法院申请人身安全保护令的，人民法院应当受理。向人民法院申请人身安全保护令，不以提起离婚等民事诉讼为条件。家庭成员之间以冻饿或者经常性侮辱、诽谤、威胁、跟踪、骚扰等方式实施的身体或者精神侵害行为，应当认定为《反家庭暴力法》第 2 条规定的"家庭暴力"。人身安全保护令案件中，人民法院根据相关证据，认为申请人遭受家庭暴力或者面临家庭暴力现实危险的事实存在较大可能性的，可以依法作出人身安全保护令。"相关证据"包括：(1) 当事人的陈述；(2) 公安机关出具的家庭暴力告诫书、行政处罚决定书；(3) 公安机关的出警记录、讯问笔录、询问笔录、接警记录、报警回执等；(4) 被申请人曾出具的悔过书或者保证书等；(5) 记录家庭暴力发生或者解决过程等的视听资料；(6) 被申请人与申请人或者其近亲属之间的电话录音、短信、即时通讯信息、电子邮件等；(7) 医疗机构的诊疗记录；(8) 申请人或者被申请人所在单位、民政部门、居民委员会、村民委员会、妇女联合会、残疾人联合会、未成年人保护组织、依法设立的老年人组织、救助管理机构、反家暴社会公益机构等单位收到投诉、反映或者求助的记录；(9) 未成年子女提供的与其年龄、智力相适应的证言或者亲友、邻居等其他证人证言；(10) 伤情鉴定意见；(11) 其他能够证明申请人遭受家庭暴力或者面临家庭暴力现实危险的证据。

☞ **相关法条**

《民法典》第110条、第1032条、第1033条、第1167条

《最高人民法院关于办理人身安全保护令案件适用法律若干问题的规定》第1条、第3条、第6条

第三十条　【妇女健康服务体系】 国家建立健全妇女健康服务体系，保障妇女享有基本医疗卫生服务，开展妇女常见病、多发病的预防、筛查和诊疗，提高妇女健康水平。

国家采取必要措施，开展经期、孕期、产期、哺乳期和更年期的健康知识普及、卫生保健和疾病防治，保障妇女特殊生理时期的健康需求，为有需要的妇女提供心理健康服务支持。

☞ **相关法条**

《母婴保健法》第14~19条

《女职工保健工作规定》第7条、第9条、第10条、第12条、第13条

★ **第三十一条　【妇幼保健和妇女卫生健康】** 县级以上地方人民政府应当设立妇幼保健机构，为妇女提供保健以及常见病防治服务。

国家鼓励和支持社会力量通过依法捐赠、资助或者提供志愿服务等方式，参与妇女卫生健康事业，提供安全的生理健康用品或者服务，满足妇女多样化、差异化的健康需求。

用人单位应当定期为女职工安排妇科疾病、乳腺疾病检查以及妇女特殊需要的其他健康检查。

注释

根据《基本医疗卫生与健康促进法》的规定，国家发展妇幼保健事业，建立健全妇幼健康服务体系，为妇女、儿童提供保健及常见病防治服务，保障妇女、儿童健康。

国家采取措施，为公民提供婚前保健、孕产期保健等服务，促进生殖健康，预防出生缺陷。国家制定并实施未成年人、妇女、老年人、残疾人等的健康工作计划，加强重点人群健康服务。国家鼓励用人单位开展职工健康指导工作。国家提倡用人单位为职工定期开展健康检查。

根据《母婴保健法》的规定，国家发展母婴保健事业，提供必要条件和物质帮助，使母亲和婴儿获得医疗保健服务。国家对边远贫困地区的母婴保健事业给予扶持。

☞ **相关法条**

《基本医疗卫生与健康促进法》第24条、第76条、第79条

《母婴保健法》第2条

✦ **第三十二条**　【生育权利与自由】妇女依法享有生育子女的权利，也有不生育子女的自由。

注释

根据《人口与计划生育法》的规定，公民有生育的权利，也有依法实行计划生育的义务，夫妻双方在实行计划生育中负有共同的责任。禁止歧视、虐待生育女婴的妇女和不育的妇女。

根据《最高人民法院关于适用〈中华人民共和国民法典〉婚姻家庭编的解释（一）》的规定，夫以妻擅自中止妊娠侵犯其生育权为由请求损害赔偿的，人民法院不予支持；夫妻双方因是否生育发生纠纷，致使感情确已破裂，一方请求离婚的，人民法院经调解无效，应依照《民法典》第1079条第3款第5项的规定处理，即准予离婚。

☞ **相关法条**

《人口与计划生育法》第17条、第22条

《最高人民法院关于适用〈中华人民共和国民法典〉婚姻家庭编的解释（一）》第23条

★★ **第三十三条 【妇女全生育周期系统保健制度】** 国家实行婚前、孕前、孕产期和产后保健制度，逐步建立妇女全生育周期系统保健制度。医疗保健机构应当提供安全、有效的医疗保健服务，保障妇女生育安全和健康。

有关部门应当提供安全、有效的避孕药具和技术，保障妇女的健康和安全。

> 注释

根据《人口与计划生育法》的规定，国家创造条件，保障公民知情选择安全、有效、适宜的避孕节育措施。实施避孕节育手术，应当保证受术者的安全。计划生育技术服务人员应当指导实行计划生育的公民选择安全、有效、适宜的避孕措施。国家鼓励计划生育新技术、新药具的研究、应用和推广。

☞ **相关法条**

《人口与计划生育法》第19条、第38条

★ **第三十四条** 【**规划、建设基础设施时应考虑妇女特殊需求**】各级人民政府在规划、建设基础设施时，应当考虑妇女的特殊需求，配备满足妇女需要的公共厕所和母婴室等公共设施。

> 注释

根据《未成年人保护法》的规定，国家鼓励大型公共场所、公共交通工具、旅游景区景点等设置母婴室、婴儿护理台以及方便幼儿使用的坐便器、洗手台等卫生设施，为未成年人提供便利。各级人民政府应当发展托育、学前教育事业，办好婴幼儿照护服务机构、幼儿园，支持社会力量依法兴办母婴室、婴幼儿照护服务机构、幼儿园。

相关法条

《未成年人保护法》第46条、第84条

▶▶▶小测试◀◀◀ ①

1. 国家保障妇女享有与男子平等的人身和人格权益。（　　）
2. 医疗机构施行生育手术时，如妇女与其家属或者关系人意见不一致，应以家属意见为准。（　　）
3. 关于妇女的人身和人格权益，下列说法错误的是：（　　）

   A. 妇女的人身自由不受侵犯

   B. 妇女的人格尊严不受侵犯

   C. 妇女的生命权、身体权、健康权不受侵犯

   D. 禁止搜查妇女的身体
4. 针对女学生遭受性侵害、性骚扰的预防和保护，下列说法正确的是：（　　）

   A. 学校应当建立有效预防和科学处置性侵害、性骚扰的工作制度

   B. 对性侵害、性骚扰女学生的违法犯罪行为，学校应尽快内部处理，避免公安机关、教育行政部门介入

---

① 【答案】1. √。2. ×，解析：《妇女权益保障法》第21条第3款。3. D。4. ACD。5. ABC。6. 遗弃；买卖。7. 言语；肢体行为。

C. 对遭受性侵害、性骚扰的女学生，学校、公安机关、教育行政部门等相关单位和人员应当保护其隐私和个人信息，并提供必要的保护措施

D. 学校应当根据女学生的年龄阶段，进行生理卫生、心理健康和自我保护教育

5. 为预防和制止对妇女的性骚扰，用人单位应当采取的措施有：（　　）

A. 制定禁止性骚扰的规章制度

B. 开展预防和制止性骚扰的教育培训活动

C. 设置投诉电话、信箱等，畅通投诉渠道

D. 建立和完善调查处置程序，建立以和解为主的内部机制

6. 禁止虐待、____、残害、____以及其他侵害女性生命健康权益的行为。

7. 禁止违背妇女意愿，以____、文字、图像、____等方式对其实施性骚扰。

第四章　文化教育权益

第三十五条　【保障妇女平等的文化教育权利】国家保障妇女享有与男子平等的文化教育权利。

☞ **相关法条**

《宪法》第 48 条

★★ **第三十六条　【保障适龄女性未成年人接受并完成义务教育】**父母或者其他监护人应当履行保障适龄女性未成年人接受并完成义务教育的义务。

对无正当理由不送适龄女性未成年人入学的父母或者其他监护人，由当地乡镇人民政府或者县级人民政府教育行政部门给予批评教育，依法责令其限期改正。居民委员会、村民委员会应当协助政府做好相关工作。

政府、学校应当采取有效措施，解决适龄女性未成年人就学存在的实际困难，并创造条件，保证适龄女性未成年人完成义务教育。

注释

根据《教育法》的规定,未成年人的父母或者其他监护人应当为其未成年子女或者其他被监护人受教育提供必要条件。未成年人的父母或者其他监护人应当配合学校及其他教育机构,对其未成年子女或者其他被监护人进行教育。学校、教师可以对学生家长提供家庭教育指导。

根据《义务教育法》的规定,义务教育是国家统一实施的所有适龄儿童、少年必须接受的教育,是国家必须予以保障的公益性事业。凡具有中华人民共和国国籍的适龄儿童、少年,不分性别、民族、种族、家庭财产状况、宗教信仰等,依法享有平等接受义务教育的权利,并履行接受义务教育的义务。适龄儿童、少年的父母或者其他法定监护人应当依法保证其按时入学接受并完成义务教育。凡年满6周岁的儿童,其父母或者其他法定监护人应当送其入学接受并完成义务教育;条件不具备的地区的儿童,可以推迟到7周岁。县级人民政府教育行政部门和乡镇人民政府组织和督促适龄儿童、少年入学,帮助解决适龄儿童、少年接受义务教育的困难,采取措施防止适龄儿童、少年辍学。居民委员会和村民委员会协助政府做好工作,督促适龄儿童、少年入学。

☞ **相关法条**

《教育法》第 50 条

《义务教育法》第 2 条、第 4 条、第 5 条、第 11 条、第 13 条

★★ **第三十七条** 【保障妇女平等享有接受教育的权利和机会】学校和有关部门应当执行国家有关规定，保障妇女在入学、升学、授予学位、派出留学、就业指导和服务等方面享有与男子平等的权利。

学校在录取学生时，除国家规定的特殊专业外，不得以性别为由拒绝录取女性或者提高对女性的录取标准。

各级人民政府应当采取措施，保障女性平等享有接受中高等教育的权利和机会。

注 释

> 根据《教育法》的规定，学校和有关行政部门应当按照国家有关规定，保障女子在入学、升学、就业、授予学位、派出留学等方面享有同男子平等的权利。

☞ **相关法条**

《教育法》第 37 条

《就业促进法》第 35 条

★★ **第三十八条** 【扫除妇女文盲、半文盲工作】各级人民政府应当依照规定把扫除妇女中的文盲、半文

盲工作,纳入扫盲和扫盲后继续教育规划,采取符合妇女特点的组织形式和工作方法,组织、监督有关部门具体实施。

> **注释**
>
> 根据《扫除文盲工作条例》的规定,凡年满15周岁以上的文盲、半文盲公民,除丧失学习能力的以外,不分性别、民族、种族,均有接受扫除文盲教育的权利和义务。个人脱盲的标准是:农民识1500个汉字,企业和事业单位职工、城镇居民识2000个汉字;能够看懂浅显通俗的报刊、文章,能够记简单的帐目,能够书写简单的应用文。用当地民族语言文字扫盲的地方,脱盲标准由省、自治区人民政府根据前述规定制定。基本扫除文盲单位的标准是:其下属的每个单位1949年10月1日以后出生的年满15周岁以上人口中的非文盲的人数,除丧失学习能力的以外,在农村达到95%以上,在城镇达到98%以上;复盲率低于5%。基本扫除文盲的单位应当普及初等义务教育。

☞ **相关法条**

《扫除文盲工作条例》第2条、第7条

★ **第三十九条** 【为妇女终身学习创造条件】国家健全全民终身学习体系,为妇女终身学习创造条件。

各级人民政府和有关部门应当采取措施，根据城镇和农村妇女的需要，组织妇女接受职业教育和实用技术培训。

注 释

根据《教育法》的规定，国家实行职业教育制度和继续教育制度。各级人民政府、有关行政部门和行业组织以及企业事业组织应当采取措施，发展并保障公民接受职业学校教育或者各种形式的职业培训。国家鼓励发展多种形式的继续教育，使公民接受适当形式的政治、经济、文化、科学、技术、业务等方面的教育，促进不同类型学习成果的互认和衔接，推动全民终身学习。

根据《职业教育法》的规定，国家保障妇女平等接受职业教育的权利。

☞ **相关法条**

《教育法》第 20 条

《职业教育法》第 10 条第 5 款

★ **第四十条** 【保障妇女在文化活动中享有平等的权利】国家机关、社会团体和企业事业单位应当执行国家有关规定，保障妇女从事科学、技术、文学、艺术和其他文化活动，享有与男子平等的权利。

> 注 释

> 根据《科学技术进步法》的规定，青年科学技术人员、少数民族科学技术人员、女性科学技术人员等在竞聘专业技术职务、参与科学技术评价、承担科学技术研究开发项目、接受继续教育等方面享有平等权利。各级人民政府和企业事业单位应当完善女性科学技术人员培养、评价和激励机制，关心孕哺期女性科学技术人员，鼓励和支持女性科学技术人员在科学技术进步中发挥更大作用。

☞ **相关法条**

《科学技术进步法》第66条第1款、第3款

▶▶小测试◀◀①

1. 国家保障妇女享有与男子平等的文化教育权利。（　　）
2. 对不送适龄女性未成年人入学的父母或者其他监护人，由当地乡镇人民政府或者县级人民政府教育行政部门给予批评教育，依法责令其限期改正。（　　）
3. 关于妇女的文化教育权益保障，下列说法正确的是：（　　）

---

① 【答案】1.√。2.×，解析：《妇女权益保障法》第36条第2款。3. BCD。4. 授予学位；就业指导和服务。5. 全民终身学习。

A. 学校在录取学生时，一律不得以性别为由拒绝录取女性或者提高对女性的录取标准

B. 各级人民政府应当采取措施，保障女性平等享有接受中高等教育的权利和机会

C. 各级人民政府和有关部门应当采取措施，根据城镇和农村妇女的需要，组织妇女接受职业教育和实用技术培训

D. 国家机关、社会团体和企业事业单位应当执行国家有关规定，保障妇女从事科学、技术、文学、艺术和其他文化活动，享有与男子平等的权利

4. 学校和有关部门应当执行国家有关规定，保障妇女在入学、升学、_____、派出留学、_____等方面享有与男子平等的权利。

5. 国家健全_____体系，为妇女终身学习创造条件。

第五章　劳动和社会保障权益

第四十一条　【保障妇女平等的劳动权利和社会保障权利】国家保障妇女享有与男子平等的劳动权利和社会保障权利。

☞ **相关法条**

《宪法》第 48 条

★★ **第四十二条**　【政府和有关部门应防止和纠正就业性别歧视】各级人民政府和有关部门应当完善就业保障政策措施，防止和纠正就业性别歧视，为妇女创造公平的就业创业环境，为就业困难的妇女提供必要的扶持和援助。

> 注　释
>
> 根据《就业促进法》的规定，各级人民政府创造公平就业的环境，消除就业歧视，制定政策并采取措施对就业困难人员给予扶持和援助。

☞ **相关法条**

《就业促进法》第 25 条

✦✦ **第四十三条** 【用人单位招录时不得实施性别歧视行为】用人单位在招录（聘）过程中，除国家另有规定外，不得实施下列行为：

（一）限定为男性或者规定男性优先；

（二）除个人基本信息外，进一步询问或者调查女性求职者的婚育情况；

（三）将妊娠测试作为入职体检项目；

（四）将限制结婚、生育或者婚姻、生育状况作为录（聘）用条件；

（五）其他以性别为由拒绝录（聘）用妇女或者差别化地提高对妇女录（聘）用标准的行为。

注释

根据《劳动法》的规定，妇女享有与男子平等的就业权利。在录用职工时，除国家规定的不适合妇女的工种或者岗位外，不得以性别为由拒绝录用妇女或者提高对妇女的录用标准。

根据《就业促进法》的规定，劳动者依法享有平等就业和自主择业的权利。劳动者就业，不因民族、种族、性别、宗教信仰等不同而受歧视。用人单位招用人员、职业中介机构从事职业中介活动，应当向劳动者提供平等的就业机会和公平的就业条件，不得实施就业歧视。国家保障妇女享有与男子平等的劳动权利。用人单位招用人员，除国家规定的不适合妇女的工种或者岗位外，不得以性别为由拒绝录用妇女或者提高对妇女的录用标准。用人单位录用女职工，不得在劳动合同中规定限制女职工结婚、生育的内容。

☞ **相关法条**

《宪法》第 48 条

《劳动法》第 13 条

《就业促进法》第 3 条、第 26 条、第 27 条

《就业服务与就业管理规定》第 16 条

《人才市场管理规定》第 23 条

★★ **第四十四条 【劳动合同应具备女职工特殊保护条款】** 用人单位在录（聘）用女职工时，应当依法与其签订劳动（聘用）合同或者服务协议，劳动（聘用）合同或者服务协议中应当具备女职工特殊保护条款，并不得规定限制女职工结婚、生育等内容。

职工一方与用人单位订立的集体合同中应当包含男女平等和女职工权益保护相关内容，也可以就相关内容制定专章、附件或者单独订立女职工权益保护专项集体合同。

> **注释**
>
> 根据《劳动合同法》的规定,用人单位自用工之日起即与劳动者建立劳动关系。企业职工一方与用人单位通过平等协商,可以就劳动报酬、工作时间、休息休假、劳动安全卫生、保险福利等事项订立集体合同。集体合同草案应当提交职工代表大会或者全体职工讨论通过。企业职工一方与用人单位可以订立女职工权益保护等专项集体合同。

☞ **相关法条**

《劳动合同法》第7条第1款、第26条、第51~56条

★★ **第四十五条 【男女同工同酬】** 实行男女同工同酬。妇女在享受福利待遇方面享有与男子平等的权利。

> **注释**
>
> 根据《宪法》的规定,国家保护妇女的权利和利益,实行男女同工同酬,培养和选拔妇女干部。
>
> 根据《劳动法》的规定,工资分配应当遵循按劳分配原则,实行同工同酬。

> **生活小案例**
>
> 王女士入职一家纺织品制造厂,职位是加工员。由于之前从事过相关工作,王女士很快适应了新环境,并与同事建立了良好的关系。与此同时,她高超的技术水平也得

到了厂长和同事的一致认可。

然而，在正式领取第一个月工资时，王女士发现自己的工资低得出乎意料，明显低于同期入职的男职工。她向厂人事科工作人员询问原因，得到的答复是："你目前是在试用期，虽然对工作环境有所熟悉，但工作尚未步入正轨；再者，你是女性，在体力上不如男性，工作成果也会比男性少，所以工资也相应比男职工低。"

王女士对此解释难以接受。她认为，自己虽然是新来的，但工作能力和工作态度并不逊色于他人，而且自己的技术能力过硬，产量也不比其他男职工少，甚至很多男职工还向其请教。同时，自己适应能力比较强，已经和工友们相当熟悉，配合流畅，工作已经步入正轨。女性在体力上与男性存在差异系客观事实，但她所从事的岗位对性别并无特殊要求，且对体力要求也不是很高。由此，王女士认为，单位给自己低待遇的理由完全不能成立。之后，王女士申请了劳动仲裁，仲裁委员会裁决纺织品制造厂补足王女士的工资。

☞ 相关法条

《宪法》第 48 条第 2 款

《劳动法》第 46 条第 1 款

《劳动合同法》第 63 条

《乡村集体所有制企业条例》第 27 条

第四十六条 【晋职、晋级等不得歧视妇女】 在晋职、晋级、评聘专业技术职称和职务、培训等方面，应当坚持男女平等的原则，不得歧视妇女。

☞ **相关法条**

《职称评审管理暂行规定》

✦ **第四十七条 【保护妇女工作和劳动时的安全、健康及休息的权利】** 用人单位应当根据妇女的特点，依法保护妇女在工作和劳动时的安全、健康以及休息的权利。

妇女在经期、孕期、产期、哺乳期受特殊保护。

注 释

1. 妇女在工作和劳动时的安全和健康

根据《女职工劳动保护特别规定》的规定，用人单位应当加强女职工劳动保护，采取措施改善女职工劳动安全卫生条件，对女职工进行劳动安全卫生知识培训。用人单位应当遵守女职工禁忌从事的劳动范围的规定。用人单位应当将本单位属于女职工禁忌从事的劳动范围的岗位书面告知女职工。

2. 生育休假制度

根据《女职工劳动保护特别规定》的规定，女职工生育享受98天产假，其中产前可以休假15天；难产的，增加产假15天；生育多胞胎的，每多生育1个婴儿，增加产假15天。女职工怀孕未满4个月流产的，享受15天产假；怀孕满4个月流产的，享受42天产假。

3. 妇女在经期、孕期、产期、哺乳期受特殊保护

根据《劳动法》的规定，不得安排女职工在经期从事高处、低温、冷水作业和国家规定的第三级体力劳动强度的劳动。不得安排女职工在怀孕期间从事国家规定的第三级体力劳动强度的劳动和孕期禁忌从事的劳动。不得安排女职工在哺乳未满1周岁的婴儿期间从事国家规定的第三级体力劳动强度的劳动和哺乳期禁忌从事的其他劳动，不得安排其延长工作时间和夜班劳动。

根据《女职工劳动保护特别规定》的规定，女职工在孕期不能适应原劳动的，用人单位应当根据医疗机构的证明，予以减轻劳动量或者安排其他能够适应的劳动。对怀孕7个月以上的女职工，用人单位不得延长劳动时间或者安排夜班劳动，并应当在劳动时间内安排一定的休息时间。怀孕女职工在劳动时间内进行产前检查，所需时间计入劳动时间。对哺乳未满1周岁婴儿的女职工，用人单位不得延长劳动时间或者安排夜班劳动。用人单位应当在每天的劳动时间内为哺乳期女职工安排1小时哺乳时间；女职工生育多胞胎的，每多哺乳1个婴儿每天增加1小时哺

乳时间。女职工比较多的用人单位应当根据女职工的需要，建立女职工卫生室、孕妇休息室、哺乳室等设施，妥善解决女职工在生理卫生、哺乳方面的困难。

☞ 相关法条

《劳动法》第60条、第61条、第63条

《女职工劳动保护特别规定》第3条、第4条、第6条、第7条、第9条、第10条

✦ 第四十八条　【用人单位用工中不得侵害女职工法定权益】 用人单位不得因结婚、怀孕、产假、哺乳等情形，降低女职工的工资和福利待遇，限制女职工晋职、晋级、评聘专业技术职称和职务，辞退女职工，单方解除劳动（聘用）合同或者服务协议。

女职工在怀孕以及依法享受产假期间，劳动（聘用）合同或者服务协议期满的，劳动（聘用）合同或者服务协议期限自动延续至产假结束。但是，用人单位依法解除、终止劳动（聘用）合同、服务协议，或者女职工依法要求解除、终止劳动（聘用）合同、服务协议的除外。

用人单位在执行国家退休制度时，不得以性别为由歧视妇女。

> 注　释

> 根据《劳动合同法》的规定，女职工在孕期、产期、哺乳期的，用人单位不得依照《劳动合同法》第 40 条、第 41 条的规定解除劳动合同。
>
> 根据《女职工劳动保护特别规定》的规定，用人单位不得因女职工怀孕、生育、哺乳降低其工资、予以辞退、与其解除劳动或者聘用合同。

☞ **相关法条**

《劳动合同法》第 42 条

《女职工劳动保护特别规定》第 5 条

★ **第四十九条**　【性别歧视行为纳入劳动保障监察】人力资源和社会保障部门应当将招聘、录取、晋职、晋级、评聘专业技术职称和职务、培训、辞退等过程中的性别歧视行为纳入劳动保障监察范围。

☞ **相关法条**

《劳动保障监察条例》第 10 条、第 11 条

第五十条　【妇女权益社会保障】国家发展社会保障事业，保障妇女享有社会保险、社会救助和社会福利等权益。

国家提倡和鼓励为帮助妇女而开展的社会公益活动。

☞ **相关法条**

《社会保险法》第2条

《社会救助暂行办法》

《公益事业捐赠法》第3条

★★ **第五十一条 【生育保险制度和职工生育休假制度】** 国家实行生育保险制度，建立健全婴幼儿托育服务等与生育相关的其他保障制度。

国家建立健全职工生育休假制度，保障孕产期女职工依法享有休息休假权益。

地方各级人民政府和有关部门应当按照国家有关规定，为符合条件的困难妇女提供必要的生育救助。

注 释

根据《社会保险法》的规定，职工应当参加生育保险，由用人单位按照国家规定缴纳生育保险费，职工不缴纳生育保险费。用人单位已经缴纳生育保险费的，其职工享受生育保险待遇；职工未就业配偶按照国家规定享受生育医疗费用待遇。所需资金从生育保险基金中支付。生育保险待遇包括生育医疗费用和生育津贴。生育医疗费用包括下列各项：（1）生育的医疗费用；（2）计划生育的医疗费用；（3）法律、法规规定的其他项目费用。职工有下列情形之一的，可以按照国家规定享受生育津贴：（1）女职工生育享受产假；（2）享受计划生育手术休假；（3）法律、法规规定的其他情形。生育津贴按照职工所在用人单位上年度职工月平均工资计发。

根据《女职工劳动保护特别规定》的规定，女职工产假期间的生育津贴，对已经参加生育保险的，按照用人单位上年度职工月平均工资的标准由生育保险基金支付；对未参加生育保险的，按照女职工产假前工资的标准由用人单位支付。女职工生育或者流产的医疗费用，按照生育保险规定的项目和标准，对已经参加生育保险的，由生育保险基金支付；对未参加生育保险的，由用人单位支付。

☞ **相关法条**

《社会保险法》第53~56条

《女职工劳动保护特别规定》第8条

第五十二条 【加强困难妇女的权益保障】各级人民政府和有关部门应当采取必要措施，加强贫困妇女、老龄妇女、残疾妇女等困难妇女的权益保障，按照有关规定为其提供生活帮扶、就业创业支持等关爱服务。

▶▶小测试◀◀①

1. 国家保障妇女享有与男子平等的劳动权利和社会保障权利。（   ）

2. 女职工在怀孕以及依法享受产假期间，劳动合同期满的，劳动合同自动解除。（   ）

3. 在某用人单位在与女职工签订的劳动合同中，符合法律规定的条款有：（   ）

    A. 入职3年内不得生育，否则视为自动离职

    B. 怀孕期间工资按原工资60%支付

    C. 女职工生育可依法享受产假

    D. 哺乳期间不得参与专业技术职称和职务的评聘

4. 用人单位在招录（聘）过程中，除国家另有规定外，不得实施的行为有：（   ）

    A. 限定为男性或者规定男性优先

    B. 将妊娠测试作为入职体检项目

    C. 将限制结婚、生育或者婚姻、生育状况作为录（聘）用条件

    D. 以性别为由拒绝录（聘）用妇女

---

① 【答案】1. √。2. ×，解析：《妇女权益保障法》第48条第2款。3. C。4. ABCD。5. 职工生育休假制度。6. 贫困妇女、老龄妇女、残疾妇女。

5. 国家建立健全_____，保障孕产期女职工依法享有休息休假权益。

6. 各级人民政府和有关部门应当采取必要措施，加强_____等困难妇女的权益保障，按照有关规定为其提供生活帮扶、就业创业支持等关爱服务。

第六章　财产权益

第五十三条 【保障妇女平等的财产权利】国家保障妇女享有与男子平等的财产权利。

☞ **相关法条**

《宪法》第 48 条

第五十四条 【不得侵害妇女共同、共有财产权益】在夫妻共同财产、家庭共有财产关系中，不得侵害妇女依法享有的权益。

☞ **相关法条**

《民法典》第 1062 条

★★ **第五十五条** 【妇女平等享有农村集体经济中的各项权益】妇女在农村集体经济组织成员身份确认、土地承包经营、集体经济组织收益分配、土地征收补偿安置或者征用补偿以及宅基地使用等方面，享有与男子平等的权利。

申请农村土地承包经营权、宅基地使用权等不动产登记，应当在不动产登记簿和权属证书上将享有权利的妇女等家庭成员全部列明。征收补偿安置或者征用补偿协议应当将享有相关权益的妇女列入，并记载权益内容。

> **注释**
>
> 根据《农村土地承包法》的规定，农村土地承包，妇女与男子享有平等的权利。承包中应当保护妇女的合法权益，任何组织和个人不得剥夺、侵害妇女应当享有的土地承包经营权。承包期内，妇女结婚，在新居住地未取得承包地的，发包方不得收回其原承包地；妇女离婚或者丧偶，仍在原居住地生活或者不在原居住地生活但在新居住地未取得承包地的，发包方不得收回其原承包地。
>
> 根据《民法典》的规定，离婚时，夫妻的共同财产由双方协议处理；协议不成的，由人民法院根据财产的具体情况，按照照顾子女、女方和无过错方权益的原则判决。对夫或者妻在家庭土地承包经营中享有的权益等，应当依法予以保护。

☞ **相关法条**

《农村土地承包法》第 6 条、第 31 条

《民法典》第 1087 条

★★ **第五十六条** 【不得侵害妇女在农村集体经济中的各项权益】村民自治章程、村规民约，村民会议、村民代表会议的决定以及其他涉及村民利益事项的决定，不得以妇女未婚、结婚、离婚、丧偶、户无男性等为由，侵害妇女在农村集体经济组织中的各项权益。

因结婚男方到女方住所落户的，男方和子女享有与所在地农村集体经济组织成员平等的权益。

> **生活小案例**
>
> 小芳与家住幸福村的小强于1998年登记结婚后，将户口迁入小强所在的幸福村村民组，且从2005年起在幸福村分有责任田。2018年，小芳与小强登记离婚，离婚后小芳的户口一直在幸福村，其在幸福村分的责任田也一直未调整。2021年，小强所在的幸福村村民组的土地被征用，经该村民组集体讨论决定，该组村民每人分得土地补偿款5万元，但小强以小芳已与自己离婚为由，未将该款项分配给小芳。
>
> 土地是我国农民最基本的生产资料和生活保障，土地承包经营权是农民最为关切的一项基本权利，集体经济组织成员无论男女都应当享有平等的承包权利。《农村土地承包法》第31条规定，承包期内，妇女结婚，在新居住地未取得承包地的，发包方不得收回其原承包地；妇女离婚或者丧偶，仍在原居住地生活或者不在原居住地生活但在新居住地未取得承包地的，发包方不得收回其原承包地。这样规定的目的在于保证离婚或者丧偶的妇女能够拥有一份承包地，并应当对该承包土地被征用后的土地补偿款享有分配权。

本案中，小芳虽与小强解除了婚姻关系，但其户口未迁出，且在幸福村有承包地，属该集体经济组织成员，其作为离异女性应依法平等享有该集体经济组织成员的合法权益。

第五十七条　【保护妇女在城镇集体所有财产关系中的权益】国家保护妇女在城镇集体所有财产关系中的权益。妇女依照法律、法规的规定享有相关权益。

第五十八条　【平等的继承权】妇女享有与男子平等的继承权。妇女依法行使继承权，不受歧视。

丧偶妇女有权依法处分继承的财产，任何组织和个人不得干涉。

☆ **第五十九条　【对公婆尽了赡养义务丧偶儿媳的继承权】**丧偶儿媳对公婆尽了主要赡养义务的，作为第一顺序继承人，其继承权不受子女代位继承的影响。

注释

根据《民法典》的规定，丧偶儿媳对公婆，丧偶女婿对岳父母，尽了主要赡养义务的，作为第一顺序继承人。

根据《最高人民法院关于适用〈中华人民共和国民法典〉继承编的解释（一）》的规定，丧偶儿媳对公婆、丧偶女婿对岳父母，无论其是否再婚，依照《民法典》第1129条规定作为第一顺序继承人时，不影响其子女代位继承。

☞ **相关法条**

《民法典》第1129条

《最高人民法院关于适用〈中华人民共和国民法典〉继承编的解释（一）》第18条

▶▶*小测试*◀◀①

1. 国家保障妇女享有与男子平等的财产权利。（　　）
2. 农村的妇女在下列哪些方面享有与男子平等的权利？（　　）

    A. 土地承包经营

    B. 农村集体经济组织成员身份确认

    C. 集体经济组织收益分配

    D. 土地征收补偿安置或者征用补偿

3. 李明与其妻子王芳婚后育有一子李小明。后李明因病英年早逝，王芳多年来尽心照顾李明的父母，直至二老先后去世。关于李明父母的遗产继承，下列说法正确的是：（　　）

    A. 王芳作为儿媳，不享有继承权

    B. 因李明先于其父母死亡，其父母的遗产应由李小明代位继承

---

① 【答案】1. √。2. ABCD。3. BC。4. 全部列明。5. 男方和子女。

C. 王芳对公婆尽了主要赡养义务，有权继承李明父母的遗产

D. 李小明是第一顺序继承人，王芳是第二顺序继承人

4. 申请农村土地承包经营权、宅基地使用权等不动产登记，应当在不动产登记簿和权属证书上将享有权利的妇女等家庭成员_____。

5. 因结婚男方到女方住所落户的，_____享有与所在地农村集体经济组织成员平等的权益。

第七章　婚姻家庭权益

第六十条　【保障妇女平等的婚姻家庭权利】国家保障妇女享有与男子平等的婚姻家庭权利。

☞ **相关法条**

《宪法》第 48 条

★ **第六十一条　【保护妇女的婚姻自主权】**国家保护妇女的婚姻自主权。禁止干涉妇女的结婚、离婚自由。

注 释

根据《民法典》的规定，结婚应当男女双方完全自愿，禁止任何一方对另一方加以强迫，禁止任何组织或者个人加以干涉。因胁迫结婚的，受胁迫的一方可以向人民法院请求撤销婚姻。请求撤销婚姻的，应当自胁迫行为终止之日起 1 年内提出。被非法限制人身自由的当事人请求撤销婚姻的，应当自恢复人身自由之日起 1 年内提出。

根据《最高人民法院关于适用〈中华人民共和国民法典〉婚姻家庭编的解释（一）》的规定，行为人以给另一方当事人或者其近亲属的生命、身体、健康、名誉、财产等方面造成损害为要挟，迫使另一方当事人违背真实意愿结婚的，可以认定为《民法典》第 1052 条所称的"胁迫"。因受胁迫而请求撤销婚姻的，只能是受胁迫一方的婚姻关系当事人本人。

☞ **相关法条**

《民法典》第 1046 条、第 1052 条

《最高人民法院关于适用〈中华人民共和国民法典〉婚姻家庭编的解释（一）》第 18 条

★ **第六十二条** 【鼓励婚前检查】国家鼓励男女双方在结婚登记前，共同进行医学检查或者相关健康体检。

注释

根据《母婴保健法》的规定，医疗保健机构应当为公民提供婚前保健服务。婚前保健服务包括下列内容：(1) 婚前卫生指导：关于性卫生知识、生育知识和遗传病知识的教育；(2) 婚前卫生咨询：对有关婚配、生育保健等问题提供医学意见；(3) 婚前医学检查：对准备结婚的男女双方可能患影响结婚和生育的疾病进行医学检查。婚前医学检查包括对下列疾病的检查：(1) 严重遗传性疾病；(2) 指定传染病；(3) 有关精神病。经婚前医学检查，医疗保健机构应当出具婚前医学检查证明。经婚前医学检查，对患

指定传染病在传染期内或者有关精神病在发病期内的，医师应当提出医学意见；准备结婚的男女双方应当暂缓结婚。经婚前医学检查，对诊断患医学上认为不宜生育的严重遗传性疾病的，医师应当向男女双方说明情况，提出医学意见；经男女双方同意，采取长效避孕措施或者施行结扎手术后不生育的，可以结婚。但《民法典》规定禁止结婚的除外。

☞ **相关法条**

《母婴保健法》第7~10条

《母婴保健法实施办法》第9~16条

第六十三条 【婚姻家庭辅导服务】 婚姻登记机关应当提供婚姻家庭辅导服务，引导当事人建立平等、和睦、文明的婚姻家庭关系。

★★ **第六十四条 【男方不得提出离婚的情形】** 女方在怀孕期间、分娩后一年内或者终止妊娠后六个月内，男方不得提出离婚；但是，女方提出离婚或者人民法院认为确有必要受理男方离婚请求的除外。

> **生活小案例**
>
> 小王与妻子小张经人介绍相识，后来登记结婚。婚后夫妻双方感情尚可，但在小张怀孕期间，因妊娠合并糖尿病等，导致腹中胎儿引产。小张出院后一直住在娘家，此后，小王从未探望过小张。随后，小王先后两次起诉要求离婚，法院均判决驳回其诉讼请求。
>
> 后来，小张不愿再维持痛苦的婚姻，主动提起离婚诉讼。经调解，双方解除了婚姻关系。

☛ **相关法条**

《民法典》第 1082 条

★★ **第六十五条　【禁止对妇女实施家庭暴力】** 禁止对妇女实施家庭暴力。

县级以上人民政府有关部门、司法机关、社会团体、企业事业单位、基层群众性自治组织以及其他组织，应当在各自的职责范围内预防和制止家庭暴力，依法为受害妇女提供救助。

> **注释**
>
> 根据《反家庭暴力法》的规定，家庭暴力，是指家庭成员之间以殴打、捆绑、残害、限制人身自由以及经常性谩骂、恐吓等方式实施的身体、精神等侵害行为。
>
> 家庭成员之间应当互相帮助，互相关爱，和睦相处，

履行家庭义务。反家庭暴力是国家、社会和每个家庭的共同责任。国家禁止任何形式的家庭暴力。

家庭暴力受害人及其法定代理人、近亲属可以向加害人或者受害人所在单位、居民委员会、村民委员会、妇女联合会等单位投诉、反映或者求助。有关单位接到家庭暴力投诉、反映或者求助后，应当给予帮助、处理。家庭暴力受害人及其法定代理人、近亲属也可以向公安机关报案或者依法向人民法院起诉。单位、个人发现正在发生的家庭暴力行为，有权及时劝阻。

家庭暴力情节较轻，依法不给予治安管理处罚的，由公安机关对加害人给予批评教育或者出具告诫书。告诫书应当包括加害人的身份信息、家庭暴力的事实陈述、禁止加害人实施家庭暴力等内容。

当事人因遭受家庭暴力或者面临家庭暴力的现实危险，向人民法院申请人身安全保护令的，人民法院应当受理。

生活小案例

张老太和李老汉结婚40余年，夫妻二人本应风雨同舟、相濡以沫，但李老汉经常因家庭琐事对张老太拳打脚踢。村里家家户户间关系较近，平时谁家有些风吹草动，便会成为街头巷尾议论的话题。张老太觉得家丑不可外扬，便一直忍气吞声。

　　某日，两人再次发生矛盾，李老汉下手太重，造成张老太外伤性鼓膜穿孔、牙齿脱落、颧骨骨折。张老太向邻居求救，后被邻居送至医院。经法医鉴定，张老太的损伤程度构成轻伤，李老汉随后因故意伤害罪被判处有期徒刑1年。早已心灰意冷的张老太病愈后，鼓足勇气到法院起诉与李老汉离婚，法院最终支持了张老太离婚的诉讼请求。

☞ **相关法条**

　　《反家庭暴力法》第2条、第3条、第13条、第16条、第23条第1款

　　《民法典》第1042条、第1079条、第1091条

　　《最高人民法院关于适用〈中华人民共和国民法典〉婚姻家庭编的解释（一）》第1条

第六十六条　【妇女平等享有占有、使用、收益和处分夫妻共同财产的权利】 妇女对夫妻共同财产享有与其配偶平等的占有、使用、收益和处分的权利，不受双方收入状况等情形的影响。

　　对夫妻共同所有的不动产以及可以联名登记的动产，女方有权要求在权属证书上记载其姓名；认为记载的权利人、标的物、权利比例等事项有错误的，有

权依法申请更正登记或者异议登记,有关机构应当按照其申请依法办理相应登记手续。

注释

根据《民法典》的规定,夫妻在婚姻关系存续期间所得的下列财产,为夫妻的共同财产,归夫妻共同所有:(1)工资、奖金、劳务报酬;(2)生产、经营、投资的收益;(3)知识产权的收益;(4)继承或者受赠的财产,但是遗嘱或者赠与合同中确定只归一方的财产除外;(5)其他应当归共同所有的财产。夫妻对共同财产,有平等的处理权。

婚姻关系存续期间,有下列情形之一的,夫妻一方可以向人民法院请求分割共同财产:(1)一方有隐藏、转移、变卖、毁损、挥霍夫妻共同财产或者伪造夫妻共同债务等严重损害夫妻共同财产利益的行为;(2)一方负有法定扶养义务的人患重大疾病需要医治,另一方不同意支付相关医疗费用。

离婚时,夫妻的共同财产由双方协议处理;协议不成的,由人民法院根据财产的具体情况,按照照顾子女、女方和无过错方权益的原则判决。

离婚时,夫妻共同债务应当共同偿还。共同财产不足清偿或者财产归各自所有的,由双方协议清偿;协议不成的,由人民法院判决。

☞ **相关法条**

《民法典》第1062条、第1066条、第1087条、第1089条

《最高人民法院关于适用〈中华人民共和国民法典〉婚姻家庭编的解释（一）》第26条、第27条、第31条、第38条、第71~85条

☆☆ **第六十七条 【离婚诉讼期间夫妻双方申报全部夫妻共同财产的义务】** 离婚诉讼期间，夫妻一方申请查询登记在对方名下财产状况且确因客观原因不能自行收集的，人民法院应当进行调查取证，有关部门和单位应当予以协助。

离婚诉讼期间，夫妻双方均有向人民法院申报全部夫妻共同财产的义务。一方隐藏、转移、变卖、损毁、挥霍夫妻共同财产，或者伪造夫妻共同债务企图侵占另一方财产的，在离婚分割夫妻共同财产时，对该方可以少分或者不分财产。

> 注释
>
> 根据《民法典》的规定，夫妻一方隐藏、转移、变卖、毁损、挥霍夫妻共同财产，或者伪造夫妻共同债务企图侵占另一方财产的，在离婚分割夫妻共同财产时，对该方可以少分或者不分。离婚后，另一方发现有上述行为的，可以向人民法院提起诉讼，请求再次分割夫妻共同财产。

根据《最高人民法院关于适用〈中华人民共和国民法典〉婚姻家庭编的解释（一）》的规定，离婚后，一方以尚有夫妻共同财产未处理为由向人民法院起诉请求分割的，经审查该财产确属离婚时未涉及的夫妻共同财产，人民法院应当依法予以分割。

☞ **相关法条**

《民法典》第1092条

《最高人民法院关于适用〈中华人民共和国民法典〉婚姻家庭编的解释（一）》第83条

✦ **第六十八条** 【夫妻双方共同负担家庭义务】夫妻双方应当共同负担家庭义务，共同照顾家庭生活。

女方因抚育子女、照料老人、协助男方工作等负担较多义务的，有权在离婚时要求男方予以补偿。补偿办法由双方协议确定；协议不成的，可以向人民法院提起诉讼。

注 释

根据《民法典》的规定，夫妻一方因抚育子女、照料老年人、协助另一方工作等负担较多义务的，离婚时有权向另一方请求补偿，另一方应当给予补偿。具体办法由双方协议；协议不成的，由人民法院判决。

生活小案例

> 小刚与小娟经人介绍于2000年登记结婚,婚后育有二子。小娟系家庭主妇,下地干活、照顾一家老小,没有工作及固定的经济收入。婚后,小刚与小娟经常因家庭琐事发生争吵,导致夫妻感情破裂。小刚要求与小娟离婚,小娟认可夫妻感情破裂,同意离婚。双方就子女抚养和部分共同财产的分配达成了一致意见。
>
> 在婚姻关系中,女方往往处于弱势地位。一方面,她们出于照顾家庭的考虑,往往以牺牲自己的工作甚至事业为代价;另一方面,在出现婚姻纠纷时,女方往往由于没有为家庭带来经济收入导致其合法权益得不到保障。考虑到小娟在夫妻共同生活期间抚育子女、照顾老人,付出较多,对家庭做出了较大的贡献;离婚后,其没有固定的经济收入,还要抚养孩子,经济压力比较大,最终法院判决小刚给付小娟经济帮助2万元。

☞ **相关法条**

《民法典》第1088条

✨ **第六十九条 【夫妻共有房屋的离婚分割】** 离婚时,分割夫妻共有的房屋或者处理夫妻共同租住的房屋,由双方协议解决;协议不成的,可以向人民法院提起诉讼。

注释

根据《最高人民法院关于适用〈中华人民共和国民法典〉婚姻家庭编的解释（一）》的规定，当事人结婚前，父母为双方购置房屋出资的，该出资应当认定为对自己子女个人的赠与，但父母明确表示赠与双方的除外。当事人结婚后，父母为双方购置房屋出资的，依照约定处理；没有约定或者约定不明确的，为夫妻的共同财产，归夫妻共同所有。

双方对夫妻共同财产中的房屋价值及归属无法达成协议时，人民法院按以下情形分别处理：（1）双方均主张房屋所有权并且同意竞价取得的，应当准许；（2）一方主张房屋所有权的，由评估机构按市场价格对房屋作出评估，取得房屋所有权的一方应当给予另一方相应的补偿；（3）双方均不主张房屋所有权的，根据当事人的申请拍卖、变卖房屋，就所得价款进行分割。

离婚时双方对尚未取得所有权或者尚未取得完全所有权的房屋有争议且协商不成的，人民法院不宜判决房屋所有权的归属，应当根据实际情况判决由当事人使用。当事人就前述规定的房屋取得完全所有权后，有争议的，可以另行向人民法院提起诉讼。

夫妻一方婚前签订不动产买卖合同，以个人财产支付首付款并在银行贷款，婚后用夫妻共同财产还贷，不动产登记于首付款支付方名下的，离婚时该不动产由双方协议处理。依前述规定不能达成协议的，人民法院可以判决该不动产归登记一方，尚未归还的贷款为不动产登记一方的个人债务。双方婚后共同还贷支付的款项及其相对应财产增值部分，离婚时由不动产登记一方对另一方进行补偿。

婚姻关系存续期间，双方用夫妻共同财产出资购买以一方父母名义参加房改的房屋，登记在一方父母名下，离婚时另一方主张按照夫妻共同财产对该房屋进行分割的，人民法院不予支持。购买该房屋时的出资，可以作为债权处理。

☞ **相关法条**

《最高人民法院关于适用〈中华人民共和国民法典〉婚姻家庭编的解释（一）》第29条、第76~79条

★★ **第七十条** 【母亲的监护权不受非法干涉】父母双方对未成年子女享有平等的监护权。

父亲死亡、无监护能力或者有其他情形不能担任未成年子女的监护人的，母亲的监护权任何组织和个人不得干涉。

> **注释**
>
> 根据《民法典》的规定,夫妻双方平等享有对未成年子女抚养、教育和保护的权利,共同承担对未成年子女抚养、教育和保护的义务。夫妻双方自愿离婚的,应当签订书面离婚协议,离婚协议应当载明双方自愿离婚的意思表示和对子女抚养、财产以及债务处理等事项协商一致的意见。父母与子女间的关系,不因父母离婚而消除。离婚后,子女无论由父或者母直接抚养,仍是父母双方的子女。离婚后,父母对于子女仍有抚养、教育、保护的权利和义务。

☞ **相关法条**

《民法典》第1058条、第1076条、第1084条

✮ **第七十一条** 【丧失生育能力妇女对子女的优先抚养要求】女方丧失生育能力的,在离婚处理子女抚养问题时,应当在最有利于未成年子女的条件下,优先考虑女方的抚养要求。

> **注释**
>
> 根据《民法典》的规定,离婚后,不满2周岁的子女,以由母亲直接抚养为原则。已满2周岁的子女,父母双方对抚养问题协议不成的,由人民法院根据双方的具体情况,按照最有利于未成年子女的原则判决。子女已满8周岁的,应当尊重其真实意愿。

☞ 相关法条

《民法典》第 1084 条

▶▶▶小测试◀◀◀ ①

1. 国家鼓励男女双方在结婚登记前，共同进行医学检查或者相关健康体检。（　　）

2. 离婚诉讼期间，夫妻一方申请查询登记在对方名下财产状况且确因客观原因不能自行收集的，人民法院可以进行调查取证。（　　）

3. 关于离婚的提出时间，下列说法正确的是：（　　）

    A. 女方在怀孕期间，男方不得提出离婚

    B. 女方在分娩后 1 年后，男方不得提出离婚

    C. 女方在终止妊娠后 9 个月内，男方不得提出离婚

    D. 女方在分娩后 1 年内，女方不得提出离婚

4. 对于夫妻共同所有的不动产，女方可主张和行使的权利有：（　　）

    A. 要求与其配偶平等的占有、使用、收益和处分的权利

    B. 要求在权属证书上记载其姓名

    C. 认为记载的权利人、标的物、权利比例等事项有错误

---

① 【答案】1. √。2. ×，解析：《妇女权益保障法》第 67 条第 1 款。3. A。4. ABCD。5. 予以补偿。6. 少分；不分。

的，依法申请更正登记或者异议登记

　D. 离婚时，与其配偶就分割夫妻共有的房屋协议不成的，向人民法院提起诉讼

5. 女方因抚育子女、照料老人、协助男方工作等负担较多义务的，有权在离婚时要求男方_____。

6. 离婚诉讼期间，一方隐藏、转移、变卖、损毁、挥霍夫妻共同财产，或者伪造夫妻共同债务企图侵占另一方财产的，在离婚分割夫妻共同财产时，对该方可以____或者____财产。

第八章　救济措施

✯✯ 第七十二条　【常规救济途径】 对侵害妇女合法权益的行为，任何组织和个人都有权予以劝阻、制止或者向有关部门提出控告或者检举。有关部门接到控告或者检举后，应当依法及时处理，并为控告人、检举人保密。

妇女的合法权益受到侵害的，有权要求有关部门依法处理，或者依法申请调解、仲裁，或者向人民法院起诉。

对符合条件的妇女，当地法律援助机构或者司法机关应当给予帮助，依法为其提供法律援助或者司法救助。

> **注释**
>
> 根据《法律援助法》的规定，法律援助，是国家建立的为经济困难公民和符合法定条件的其他当事人无偿提供法律咨询、代理、刑事辩护等法律服务的制度，是公共法律服务体系的组成部分。
>
> 下列事项的当事人，因经济困难没有委托代理人的，可以向法律援助机构申请法律援助：（1）依法请求国家赔

偿；(2) 请求给予社会保险待遇或者社会救助；(3) 请求发给抚恤金； (4) 请求给付赡养费、抚养费、扶养费；(5) 请求确认劳动关系或者支付劳动报酬；(6) 请求认定公民无民事行为能力或者限制民事行为能力；(7) 请求工伤事故、交通事故、食品药品安全事故、医疗事故人身损害赔偿；(8) 请求环境污染、生态破坏损害赔偿；(9) 法律、法规、规章规定的其他情形。

☞ **相关法条**

《人民调解法》第7条、第8条

《劳动争议调解仲裁法》第2条

《法律援助法》第2条、第31条、第68条

第七十三条 【妇联的支持与帮助】妇女的合法权益受到侵害的，可以向妇女联合会等妇女组织求助。妇女联合会等妇女组织应当维护被侵害妇女的合法权益，有权要求并协助有关部门或者单位查处。有关部门或者单位应当依法查处，并予以答复；不予处理或者处理不当的，县级以上人民政府负责妇女儿童工作的机构、妇女联合会可以向其提出督促处理意见，必要时可以提请同级人民政府开展督查。

受害妇女进行诉讼需要帮助的，妇女联合会应当

给予支持和帮助。

✦✦ **第七十四条** 【**对用人单位侵害妇女权益的联合约谈机制**】用人单位侵害妇女劳动和社会保障权益的，人力资源和社会保障部门可以联合工会、妇女联合会约谈用人单位，依法进行监督并要求其限期纠正。

> **注　释**
>
> 根据《工会法》的规定，企业、事业单位、社会组织违反劳动法律法规规定，侵犯女职工特殊权益的，工会应当代表职工与企业、事业单位、社会组织交涉，要求企业、事业单位、社会组织采取措施予以改正；企业、事业单位、社会组织应当予以研究处理，并向工会作出答复；企业、事业单位、社会组织拒不改正的，工会可以提请当地人民政府依法作出处理。

☞ **相关法条**

《工会法》第 21～23 条

第七十五条 【**妇女在农村集体经济组织中权益的保护**】妇女在农村集体经济组织成员身份确认等方面权益受到侵害的，可以申请乡镇人民政府等进行协调，或者向人民法院起诉。

乡镇人民政府应当对村民自治章程、村规民约，村民会议、村民代表会议的决定以及其他涉及村民利益事项的决定进行指导，对其中违反法律、法规和国家政策规定，侵害妇女合法权益的内容责令改正；受侵害妇女向农村土地承包仲裁机构申请仲裁或者向人民法院起诉的，农村土地承包仲裁机构或者人民法院应当依法受理。

★ **第七十六条 【妇女权益保护服务热线】** 县级以上人民政府应当开通全国统一的妇女权益保护服务热线，及时受理、移送有关侵害妇女合法权益的投诉、举报；有关部门或者单位接到投诉、举报后，应当及时予以处置。

鼓励和支持群团组织、企业事业单位、社会组织和个人参与建设妇女权益保护服务热线，提供妇女权益保护方面的咨询、帮助。

★★ **第七十七条 【检察机关检察建议和提起公益诉讼】** 侵害妇女合法权益，导致社会公共利益受损的，检察机关可以发出检察建议；有下列情形之一的，检察机关可以依法提起公益诉讼：

（一）确认农村妇女集体经济组织成员身份时侵害妇女权益或者侵害妇女享有的农村土地承包和集体收益、土地征收征用补偿分配权益和宅基地使用权益；

（二）侵害妇女平等就业权益；

（三）相关单位未采取合理措施预防和制止性骚扰；

（四）通过大众传播媒介或者其他方式贬低损害妇女人格；

（五）其他严重侵害妇女权益的情形。

注 释

根据《民事诉讼法》的规定，对污染环境、侵害众多消费者合法权益等损害社会公共利益的行为，法律规定的机关和有关组织可以向人民法院提起诉讼。人民检察院在履行职责中发现破坏生态环境和资源保护、食品药品安全领域侵害众多消费者合法权益等损害社会公共利益的行为，在没有前述规定的机关和组织或者前款规定的机关和组织不提起诉讼的情况下，可以向人民法院提起诉讼。前述规定的机关或者组织提起诉讼的，人民检察院可以支持起诉。

☞ **相关法条**

《民事诉讼法》第 58 条

《人民检察院公益诉讼办案规则》

《最高人民法院、最高人民检察院关于检察公益诉讼案件适用法律若干问题的解释》

第七十八条 【有关单位支持受侵害的妇女起诉】国家机关、社会团体、企业事业单位对侵害妇女权益的行为,可以支持受侵害的妇女向人民法院起诉。

▶▶▶ 小测试 ◀◀◀ ①

1. 对侵害妇女合法权益的行为,任何组织和个人都有权予以劝阻、制止或者向有关部门提出控告或者检举。(　　)
2. 对所有权益受侵害的妇女,当地法律援助机构或者司法机关都应当给予帮助,依法为其提供法律援助或者司法救助。(　　)
3. 妇女的合法权益受到侵害的,可以采取的救济措施有:(　　)

    A. 要求有关部门依法处理

    B. 依法申请调解

    C. 依法申请仲裁

    D. 向人民法院起诉
4. 侵害妇女合法权益,导致社会公共利益受损的,检察机关可以发出检察建议;有下列哪些情形之一的,检察机关可以依法提起公益诉讼?(　　)

---

① 【答案】1. √。2. ×,解析:《妇女权益保障法》第72条第3款。3. ABCD。4. ABCD。5. 工会;妇女联合会。6. 妇女权益保护服务热线。

A. 确认农村妇女集体经济组织成员身份时侵害妇女权益或者侵害妇女享有的农村土地承包和集体收益、土地征收征用补偿分配权益和宅基地使用权益

B. 相关单位未采取合理措施预防和制止性骚扰

C. 侵害妇女平等就业权益

D. 通过大众传播媒介或者其他方式贬低损害妇女人格

5. 用人单位侵害妇女劳动和社会保障权益的，人力资源和社会保障部门可以联合_____、_____约谈用人单位，依法进行监督并要求其限期纠正。

6. 县级以上人民政府应当开通全国统一的_____，及时受理、移送有关侵害妇女合法权益的投诉、举报；有关部门或者单位接到投诉、举报后，应当及时予以处置。

第九章　法律责任

第七十九条　**【发现妇女被拐卖、绑架未履行报告义务的责任】**违反本法第二十二条第二款规定,未履行报告义务的,依法对直接负责的主管人员和其他直接责任人员给予处分。

第八十条　**【学校、用人单位未采取措施预防和制止对妇女实施性骚扰的责任】**违反本法规定,对妇女实施性骚扰的,由公安机关给予批评教育或者出具告诫书,并由所在单位依法给予处分。

学校、用人单位违反本法规定,未采取必要措施预防和制止性骚扰,造成妇女权益受到侵害或者社会影响恶劣的,由上级机关或者主管部门责令改正;拒不改正或者情节严重的,依法对直接负责的主管人员和其他直接责任人员给予处分。

☞ **相关法条**

《民法典》第 1010 条

《治安管理处罚法》第 26 条、第 44 条

第八十一条　**【住宿经营者发现侵害妇女权益违法犯罪未履行报告义务的责任】**违反本法第二十六条

规定，未履行报告等义务的，依法给予警告、责令停业整顿或者吊销营业执照、吊销相关许可证，并处一万元以上五万元以下罚款。

☞ **相关法条**

《旅馆业治安管理办法》第 16 条

第八十二条 【通过大众传播媒介等方式贬低损害妇女人格的责任】违反本法规定，通过大众传播媒介或者其他方式贬低损害妇女人格的，由公安、网信、文化旅游、广播电视、新闻出版或者其他有关部门依据各自的职权责令改正，并依法给予行政处罚。

第八十三条 【用人单位就业性别歧视和侵害女职工法定权益的责任】用人单位违反本法第四十三条和第四十八条规定的，由人力资源和社会保障部门责令改正；拒不改正或者情节严重的，处一万元以上五万元以下罚款。

第八十四条 【不作为、打击报复等消极行为的主管人员和其他直接责任人责任】违反本法规定，对侵害妇女权益的申诉、控告、检举，推诿、拖延、压制不予查处，或者对提出申诉、控告、检举的人进行打击报复的，依法责令改正，并对直接负责的主管人员和其他直接责任人员给予处分。

国家机关及其工作人员未依法履行职责，对侵害妇女权益的行为未及时制止或者未给予受害妇女必要帮助，造成严重后果的，依法对直接负责的主管人员和其他直接责任人员给予处分。

违反本法规定，侵害妇女人身和人格权益、文化教育权益、劳动和社会保障权益、财产权益以及婚姻家庭权益的，依法责令改正，直接负责的主管人员和其他直接责任人员属于国家工作人员的，依法给予处分。

☞ **相关法条**
《公职人员政务处分法》第2条、第7条

★ **第八十五条** 【侵害妇女合法权益的其他法律责任】违反本法规定，侵害妇女的合法权益，其他法律、法规规定行政处罚的，从其规定；造成财产损失或者人身损害的，依法承担民事责任；构成犯罪的，依法追究刑事责任。

> **注　释**
> 根据《民法典》的规定，承担民事责任的方式主要有：(1) 停止侵害；(2) 排除妨碍；(3) 消除危险；(4) 返还财产；(5) 恢复原状；(6) 修理、重作、更换；(7) 继续履行；(8) 赔偿损失；(9) 支付违约金；(10) 消除影响、恢复名誉；(11) 赔礼道歉。法律规定惩罚性赔偿的，

> 依照其规定。前述承担民事责任的方式，可以单独适用，也可以合并适用。

☞ 相关法条

《民法典》第 179 条、第 187 条

▶▶小测试◀◀①

1. 违反《妇女权益保障法》规定，对妇女实施性骚扰的，由公安机关给予批评教育或者出具告诫书，并由所在单位依法给予处分。（   ）
2. 违反《妇女权益保障法》规定，通过大众传播媒介或者其他方式贬低损害妇女人格的，由公安机关责令改正，并依法移送人民检察院。（   ）
3. 某用人单位在招录（聘）过程中，将妊娠测试作为入职体检项目，对于该行为的处罚，下列说法正确的是：（   ）
   A. 由人力资源和社会保障部门责令改正
   B. 由市场监督管理部门责令改正
   C. 情节严重的，由人力资源和社会保障部门处 3 万元以上 5 万元以下罚款

---

① 【答案】1. √。2. ×，解析：《妇女权益保障法》第 82 条。3. A。4. 严重后果；给予处分。5. 民事责任；刑事责任。

D. 该用人单位拒不改正的，由市场监督管理部门处 1 万元以上 5 万元以下罚款

4. 国家机关及其工作人员未依法履行职责，对侵害妇女权益的行为未及时制止或者未给予受害妇女必要帮助，造成_____的，依法对直接负责的主管人员和其他直接责任人员_____。

5. 违反《妇女权益保障法》规定，侵害妇女的合法权益，其他法律、法规规定行政处罚的，从其规定；造成财产损失或者人身损害的，依法承担_____；构成犯罪的，依法追究_____。

第十章 附 则

第八十六条 【施行日期】本法自 2023 年 1 月 1 日起施行。

附录一 相关规定

中华人民共和国反家庭暴力法

（2015年12月27日第十二届全国人民代表大会常务委员会第十八次会议通过 2015年12月27日中华人民共和国主席令第37号公布 自2016年3月1日起施行）

第一章 总 则

第一条 为了预防和制止家庭暴力，保护家庭成员的合法权益，维护平等、和睦、文明的家庭关系，促进家庭和谐、社会稳定，制定本法。

★ **第二条** 本法所称家庭暴力，是指家庭成员之间以殴打、捆绑、残害、限制人身自由以及经常性谩骂、恐吓等方式实施的身体、精神等侵害行为。

★ **第三条** 家庭成员之间应当互相帮助，互相关爱，和睦相处，履行家庭义务。

反家庭暴力是国家、社会和每个家庭的共同责任。

国家禁止任何形式的家庭暴力。

第四条 县级以上人民政府负责妇女儿童工作的机构，负责组织、协调、指导、督促有关部门做好反家庭暴力工作。

县级以上人民政府有关部门、司法机关、人民团体、社会组织、居民委员会、村民委员会、企业事业单位，应当依照本法和有关法律规定，做好反家庭暴力工作。

各级人民政府应当对反家庭暴力工作给予必要的经费保障。

★★**第五条** 反家庭暴力工作遵循预防为主，教育、矫治与惩处相结合原则。

反家庭暴力工作应当尊重受害人真实意愿，保护当事人隐私。

未成年人、老年人、残疾人、孕期和哺乳期的妇女、重病患者遭受家庭暴力的，应当给予特殊保护。

第二章　家庭暴力的预防

第六条 国家开展家庭美德宣传教育，普及反家庭暴力知识，增强公民反家庭暴力意识。

工会、共产主义青年团、妇女联合会、残疾人联合会应当在各自工作范围内，组织开展家庭美德和反家庭暴力宣传教育。

广播、电视、报刊、网络等应当开展家庭美德和反家庭暴力宣传。

学校、幼儿园应当开展家庭美德和反家庭暴力教育。

第七条 县级以上人民政府有关部门、司法机关、妇女联合会应当将预防和制止家庭暴力纳入业务培训和统计工作。

医疗机构应当做好家庭暴力受害人的诊疗记录。

第八条 乡镇人民政府、街道办事处应当组织开展家庭暴力预防工作，居民委员会、村民委员会、社会工作服务机构应当予以配合协助。

第九条 各级人民政府应当支持社会工作服务机构等社会组织开展心理健康咨询、家庭关系指导、家庭暴力预防知识教育等服务。

第十条 人民调解组织应当依法调解家庭纠纷，预防和减少家庭暴力的发生。

第十一条 用人单位发现本单位人员有家庭暴力情况的，应当给予批评教育，并做好家庭矛盾的调解、化解工作。

第十二条 未成年人的监护人应当以文明的方式进行家庭教育，依法履行监护和教育职责，不得实施家庭暴力。

第三章　家庭暴力的处置

★★ 第十三条　家庭暴力受害人及其法定代理人、近亲属可以向加害人或者受害人所在单位、居民委员会、村民委员会、妇女联合会等单位投诉、反映或者求助。有关单位接到家庭暴力投诉、反映或者求助后，应当给予帮助、处理。

家庭暴力受害人及其法定代理人、近亲属也可以向公安机关报案或者依法向人民法院起诉。

单位、个人发现正在发生的家庭暴力行为，有权及时劝阻。

★ 第十四条　学校、幼儿园、医疗机构、居民委员会、村民委员会、社会工作服务机构、救助管理机构、福利机构及其工作人员在工作中发现无民事行为能力人、限制民事行为能力人遭受或者疑似遭受家庭暴力的，应当及时向公安机关报案。公安机关应当对报案人的信息予以保密。

★★ 第十五条　公安机关接到家庭暴力报案后应当及时出警，制止家庭暴力，按照有关规定调查取证，协助受害人就医、鉴定伤情。

无民事行为能力人、限制民事行为能力人因家庭暴力身体受到严重伤害、面临人身安全威胁或者处于无人照料等危险状态的，公安机关应当通知并协助民政部门将其安置到临时庇护场所、救助管理机构或者福利机构。

★ **第十六条** 家庭暴力情节较轻，依法不给予治安管理处罚的，由公安机关对加害人给予批评教育或者出具告诫书。

告诫书应当包括加害人的身份信息、家庭暴力的事实陈述、禁止加害人实施家庭暴力等内容。

第十七条 公安机关应当将告诫书送交加害人、受害人，并通知居民委员会、村民委员会。

居民委员会、村民委员会、公安派出所应当对收到告诫书的加害人、受害人进行查访，监督加害人不再实施家庭暴力。

第十八条 县级或者设区的市级人民政府可以单独或者依托救助管理机构设立临时庇护场所，为家庭暴力受害人提供临时生活帮助。

★★ **第十九条** 法律援助机构应当依法为家庭暴力受害人提供法律援助。

人民法院应当依法对家庭暴力受害人缓收、减收或者免收诉讼费用。

★★ **第二十条** 人民法院审理涉及家庭暴力的案件，可以根据公安机关出警记录、告诫书、伤情鉴定意见等证据，认定家庭暴力事实。

★★ 第二十一条 监护人实施家庭暴力严重侵害被监护人合法权益的，人民法院可以根据被监护人的近亲属、居民委员会、村民委员会、县级人民政府民政部门等有关人员或者单位的申请，依法撤销其监护人资格，另行指定监护人。

被撤销监护人资格的加害人，应当继续负担相应的赡养、扶养、抚养费用。

第二十二条 工会、共产主义青年团、妇女联合会、残疾人联合会、居民委员会、村民委员会等应当对实施家庭暴力的加害人进行法治教育，必要时可以对加害人、受害人进行心理辅导。

第四章　人身安全保护令

★★ 第二十三条 当事人因遭受家庭暴力或者面临家庭暴力的现实危险，向人民法院申请人身安全保护令的，人民法院应当受理。

当事人是无民事行为能力人、限制民事行为能力人，或者因受到强制、威吓等原因无法申请人身安全保护令的，其近亲属、公安机关、妇女联合会、居民委员会、村民委员会、救助管理机构可以代为申请。

★ 第二十四条 申请人身安全保护令应当以书面方式提

出；书面申请确有困难的，可以口头申请，由人民法院记入笔录。

★★ **第二十五条** 人身安全保护令案件由申请人或者被申请人居住地、家庭暴力发生地的基层人民法院管辖。

第二十六条 人身安全保护令由人民法院以裁定形式作出。

★ **第二十七条** 作出人身安全保护令，应当具备下列条件：

（一）有明确的被申请人；

（二）有具体的请求；

（三）有遭受家庭暴力或者面临家庭暴力现实危险的情形。

★★ **第二十八条** 人民法院受理申请后，应当在七十二小时内作出人身安全保护令或者驳回申请；情况紧急的，应当在二十四小时内作出。

★ **第二十九条** 人身安全保护令可以包括下列措施：

（一）禁止被申请人实施家庭暴力；

（二）禁止被申请人骚扰、跟踪、接触申请人及其相关近亲属；

（三）责令被申请人迁出申请人住所；

（四）保护申请人人身安全的其他措施。

★ **第三十条** 人身安全保护令的有效期不超过六个月，

自作出之日起生效。人身安全保护令失效前，人民法院可以根据申请人的申请撤销、变更或者延长。

第三十一条　申请人对驳回申请不服或者被申请人对人身安全保护令不服的，可以自裁定生效之日起五日内向作出裁定的人民法院申请复议一次。人民法院依法作出人身安全保护令的，复议期间不停止人身安全保护令的执行。

第三十二条　人民法院作出人身安全保护令后，应当送达申请人、被申请人、公安机关以及居民委员会、村民委员会等有关组织。人身安全保护令由人民法院执行，公安机关以及居民委员会、村民委员会等应当协助执行。

第五章　法律责任

★★ 第三十三条　加害人实施家庭暴力，构成违反治安管理行为的，依法给予治安管理处罚；构成犯罪的，依法追究刑事责任。

第三十四条　被申请人违反人身安全保护令，构成犯罪的，依法追究刑事责任；尚不构成犯罪的，人民法院应当给予训诫，可以根据情节轻重处以一千元以下罚款、十五日以下拘留。

第三十五条　学校、幼儿园、医疗机构、居民委员会、村民委员会、社会工作服务机构、救助管理机构、福利机构及其工作人员未依照本法第十四条规定向公安机关报案，造成严重后果的，由上级主管部门或者本单位对直接负责的主管人员和其他直接责任人员依法给予处分。

第三十六条 负有反家庭暴力职责的国家工作人员玩忽职守、滥用职权、徇私舞弊的，依法给予处分；构成犯罪的，依法追究刑事责任。

第六章　附　　则

★ **第三十七条** 家庭成员以外共同生活的人之间实施的暴力行为，参照本法规定执行。

第三十八条 本法自2016年3月1日起施行。

女职工劳动保护特别规定

(2012年4月18日国务院第200次常务会议通过 2012年4月28日中华人民共和国国务院令第619号公布 自公布之日起施行)

第一条 为了减少和解决女职工在劳动中因生理特点造成的特殊困难,保护女职工健康,制定本规定。

第二条 中华人民共和国境内的国家机关、企业、事业单位、社会团体、个体经济组织以及其他社会组织等用人单位及其女职工,适用本规定。

第三条 用人单位应当加强女职工劳动保护,采取措施改善女职工劳动安全卫生条件,对女职工进行劳动安全卫生知识培训。

第四条 用人单位应当遵守女职工禁忌从事的劳动范围的规定。用人单位应当将本单位属于女职工禁忌从事的劳动范围的岗位书面告知女职工。

女职工禁忌从事的劳动范围由本规定附录列示。国务院安全生产监督管理部门会同国务院人力资源社会保障行政部门、国务院卫生行政部门根据经济社会发展情况,对女职工禁忌从事的劳动范围进行调整。

★ **第五条** 用人单位不得因女职工怀孕、生育、哺乳降低其工资、予以辞退、与其解除劳动或者聘用合同。

★★ **第六条** 女职工在孕期不能适应原劳动的,用人单位应当根据医疗机构的证明,予以减轻劳动量或者安排其他能够适应的劳动。

对怀孕7个月以上的女职工,用人单位不得延长劳动时间或者安排夜班劳动,并应当在劳动时间内安排一定的休息时间。

怀孕女职工在劳动时间内进行产前检查,所需时间计入劳动时间。

★★ **第七条** 女职工生育享受98天产假,其中产前可以休假15天;难产的,增加产假15天;生育多胞胎的,每多生育1个婴儿,增加产假15天。

女职工怀孕未满4个月流产的,享受15天产假;怀孕满4个月流产的,享受42天产假。

★ **第八条** 女职工产假期间的生育津贴,对已经参加生育保险的,按照用人单位上年度职工月平均工资的标准由生育保险基金支付;对未参加生育保险的,按照女职工产假前工资的标准由用人单位支付。

女职工生育或者流产的医疗费用,按照生育保险规定的项目和标准,对已经参加生育保险的,由生育保险基金支付；对未参加生育保险的，由用人单位支付。

★★ **第九条** 对哺乳未满1周岁婴儿的女职工，用人单位不得延长劳动时间或者安排夜班劳动。

用人单位应当在每天的劳动时间内为哺乳期女职工安排1小时哺乳时间；女职工生育多胞胎的，每多哺乳1个婴儿每天增加1小时哺乳时间。

第十条 女职工比较多的用人单位应当根据女职工的需要，建立女职工卫生室、孕妇休息室、哺乳室等设施，妥善解决女职工在生理卫生、哺乳方面的困难。

★★ **第十一条** 在劳动场所，用人单位应当预防和制止对女职工的性骚扰。

第十二条 县级以上人民政府人力资源社会保障行政部门、安全生产监督管理部门按照各自职责负责对用人单位遵守本规定的情况进行监督检查。

工会、妇女组织依法对用人单位遵守本规定的情况进行监督。

第十三条 用人单位违反本规定第六条第二款、第七条、第九条第一款规定的，由县级以上人民政府人力资源社会保障行政部门责令限期改正，按照受侵害女职工每人1000元以上5000元以下的标准计算，处以罚款。

用人单位违反本规定附录第一条、第二条规定的，由县级以上人民政府安全生产监督管理部门责令限期改正，按照受侵害女职工每人1000元以上5000元以下的标准计算，处以罚款。用人单位违反本规定附录第三条、第四条规定的，由县级以上人民政府安全生产监督管理部门责令限期治理，处5万元以上30万元以下的罚款；情节严重的，责令停止有关作业，或者提请有关人民政府按照国务院规定的权限责令关闭。

★★ 第十四条 用人单位违反本规定，侵害女职工合法权益的，女职工可以依法投诉、举报、申诉，依法向劳动人事争议调解仲裁机构申请调解仲裁，对仲裁裁决不服的，依法向人民法院提起诉讼。

★ 第十五条 用人单位违反本规定，侵害女职工合法权益，造成女职工损害的，依法给予赔偿；用人单位及其直接负责的主管人员和其他直接责任人员构成犯罪的，依法追究刑事责任。

第十六条 本规定自公布之日起施行。1988年7月21日国务院发布的《女职工劳动保护规定》同时废止。

附录：
女职工禁忌从事的劳动范围

一、女职工禁忌从事的劳动范围：

（一）矿山井下作业；

（二）体力劳动强度分级标准中规定的第四级体力劳动强度的作业；

（三）每小时负重6次以上、每次负重超过20公斤的作业，或者间断负重、每次负重超过25公斤的作业。

二、女职工在经期禁忌从事的劳动范围：

（一）冷水作业分级标准中规定的第二级、第三级、第四级冷水作业；

（二）低温作业分级标准中规定的第二级、第三级、第四级低温作业；

（三）体力劳动强度分级标准中规定的第三级、第四级体力劳动强度的作业；

（四）高处作业分级标准中规定的第三级、第四级高处作业。

三、女职工在孕期禁忌从事的劳动范围：

（一）作业场所空气中铅及其化合物、汞及其化合物、苯、镉、铍、砷、氰化物、氮氧化物、一氧化碳、二硫化碳、氯、己内酰胺、氯丁二烯、氯乙烯、环氧乙烷、苯胺、甲醛等有毒物质浓度超过国家职业卫生标准的作业；

（二）从事抗癌药物、己烯雌酚生产，接触麻醉剂气体等的作业；

（三）非密封源放射性物质的操作，核事故与放射事故的应急处置；

（四）高处作业分级标准中规定的高处作业；

（五）冷水作业分级标准中规定的冷水作业；

（六）低温作业分级标准中规定的低温作业；

（七）高温作业分级标准中规定的第三级、第四级的作业；

（八）噪声作业分级标准中规定的第三级、第四级的作业；

（九）体力劳动强度分级标准中规定的第三级、第四级体力劳动强度的作业；

（十）在密闭空间、高压室作业或者潜水作业，伴有强烈振动的作业，或者需要频繁弯腰、攀高、下蹲的作业。

四、女职工在哺乳期禁忌从事的劳动范围：

（一）孕期禁忌从事的劳动范围的第一项、第三项、第九项；

（二）作业场所空气中锰、氟、溴、甲醇、有机磷化合物、有机氯化合物等有毒物质浓度超过国家职业卫生标准的作业。

附录二　实用图表

女职工劳动保护特别规定

一般劳动	1. 用人单位应当加强女职工劳动保护，采取措施改善女职工劳动安全卫生条件，对女职工进行劳动安全卫生知识培训。 2. 女职工禁忌从事的劳动范围： （1）矿山井下作业； （2）体力劳动强度分级标准中规定的第四级体力劳动强度的作业； （3）每小时负重6次以上、每次负重超过20公斤的作业，或者间断负重、每次负重超过25公斤的作业。
经期	女职工在经期禁忌从事的劳动范围： （1）冷水作业分级标准中规定的第二级、第三级、第四级冷水作业； （2）低温作业分级标准中规定的第二级、第三级、第四级低温作业； （3）体力劳动强度分级标准中规定的第三级、第四级体力劳动强度的作业； （4）高处作业分级标准中规定的第三级、第四级高处作业。
孕期	1. 女职工在孕期不能适应原劳动的，用人单位应当根据医疗机构的证明，予以减轻劳动量或者安排其他能够适应的劳动。 2. 对怀孕7个月以上的女职工，用人单位不得延长劳

续表

孕期	动时间或者安排夜班劳动,并应当在劳动时间内安排一定的休息时间。 3. 怀孕女职工在劳动时间内进行产前检查,所需时间计入劳动时间。 4. 女职工在孕期禁忌从事的劳动范围: (1) 作业场所空气中铅及其化合物、汞及其化合物、苯、镉、铍、砷、氰化物、氮氧化物、一氧化碳、二硫化碳、氯、己内酰胺、氯丁二烯、氯乙烯、环氧乙烷、苯胺、甲醛等有毒物质浓度超过国家职业卫生标准的作业; (2) 从事抗癌药物、己烯雌酚生产,接触麻醉剂气体等的作业; (3) 非密封源放射性物质的操作,核事故与放射事故的应急处置; (4) 高处作业分级标准中规定的高处作业; (5) 冷水作业分级标准中规定的冷水作业; (6) 低温作业分级标准中规定的低温作业; (7) 高温作业分级标准中规定的第三级、第四级的作业; (8) 噪声作业分级标准中规定的第三级、第四级的作业; (9) 体力劳动强度分级标准中规定的第三级、第四级体力劳动强度的作业; (10) 在密闭空间、高压室作业或者潜水作业,伴有强烈振动的作业,或者需要频繁弯腰、攀高、下蹲的作业。
产假	1. 女职工生育享受98天产假,其中产前可以休假15天;难产的,增加产假15天;生育多胞胎的,每多生育1个婴儿,增加产假15天。

续表

产假	2. 女职工怀孕未满4个月流产的，享受15天产假；怀孕满4个月流产的，享受42天产假。
哺乳期	1. 对哺乳未满1周岁婴儿的女职工，用人单位不得延长劳动时间或者安排夜班劳动。 2. 用人单位应当在每天的劳动时间内为哺乳期女职工安排1小时哺乳时间；女职工生育多胞胎的，每多哺乳1个婴儿每天增加1小时哺乳时间。 3. 女职工在哺乳期禁忌从事的劳动范围： （1）孕期禁忌从事的劳动范围的第1项、第3项、第9项； （2）作业场所空气中锰、氟、溴、甲醇、有机磷化合物、有机氯化合物等有毒物质浓度超过国家职业卫生标准的作业。

定 价：25.00元

图书在版编目（CIP）数据

中华人民共和国妇女权益保障法：大字学习版/中国法制出版社编．—北京：中国法制出版社，2022.11
（法律法规大字学习版）
ISBN 978-7-5216-2999-6

Ⅰ.①中… Ⅱ.①中… Ⅲ.①妇女权益保障法-中国 Ⅳ.①D922.7

中国版本图书馆 CIP 数据核字（2022）第 206711 号

责任编辑：潘环环　　　　　　　　　　　　封面设计：李　宁

中华人民共和国妇女权益保障法：大字学习版
ZHONGHUA RENMIN GONGHEGUO FUNÜ QUANYI BAOZHANGFA：DAZI XUEXIBAN

编者/中国法制出版社
经销/新华书店
印刷/三河市国英印务有限公司
开本/880 毫米×1230 毫米　32 开　　　　印张/4.25　字数/75 千
版次/2022 年 11 月第 1 版　　　　　　　2022 年 11 月第 1 次印刷

中国法制出版社出版
书号 ISBN 978-7-5216-2999-6　　　　　　　　　　　　定价：25.00 元
北京市西城区西便门西里甲 16 号西便门办公区
邮政编码：100053　　　　　　　　　　　　传真：010-63141600
网址：http://www.zgfzs.com　　　　　　　编辑部电话：010-63141813
市场营销部电话：010-63141612　　　　　　印务部电话：010-63141606

（如有印装质量问题，请与本社印务部联系．）